Un grand week-end
à Dubrovnik

Un grand week-end à Dubrovnik

Disons-le d'emblée : Dubrovnik appartient à celles et ceux que rien ne presse et qui aiment flâner. Son rythme est résolument… méditerranéen. La ville close, patinée par les siècles, n'a pas été conçue, comme d'autres cités, pour qu'on la feuillette distraitement d'un carrosse : elle se déguste à pied, sans hâte. Vous n'avez que deux jours pour la visiter ? Ne brûlez pas les étapes, vous risqueriez de rater l'essentiel ! Prenez le temps de contempler le bleu de la mer, l'harmonieuse proportion des façades, le baroque des places aménagées comme des salons au grand air, et vous comprendrez pourquoi l'écrivain George Bernard Shaw, en 1929, a pu succomber aux charmes de la perle de la Dalmatie : « Ceux qui cherchent le paradis sur terre, disait-il, doivent venir à Dubrovnik. »

Neuf heures, déjà, sonnent à la tour de l'horloge… Par où commencer ? Par le tour des remparts ! Ce corset de murailles, édifié sous la menace de l'avancée ottomane, compte parmi les plus beaux exemples d'architecture militaire en Europe. Il constitue aussi le « sommaire » de votre visite de l'ancienne Raguse – un premier repérage, en quelque sorte. De là-haut, tout est photogénique : les margelles de puits, les bougainvillées, la cascade des toits dont les tuiles clignotent sous le feu ardent du soleil. Et partout la même lumière, une nuance tiède et romantique d'abricot que le peintre viennois Rudolf von Alt a su, vers 1840, restituer à merveille. L'erreur serait d'en rester là. De ne pas aller siroter un verre de *prošek* au café Buža pour s'approcher de l'eau et la voir bleuir comme un saphir. De ne pas descendre au vieux port écouter les barques tanguer dans un doux grincement de cordages. Car il y a beaucoup à voir intra-muros : Dubrovnik, que la tradition croate nomme tout simplement « La Ville » et qui porte fièrement brodée sur son drapeau l'inscription *Libertas*, a derrière elle une histoire millénaire et pluriculturelle. Née de la lente fusion de deux

« colonies » (Ragusium la cité latine et Dubrava le faubourg slave), elle a longtemps joué, comme l'Adriatique qui la borde, un double rôle : celui de frontière et de passerelle entre l'Occident et l'Orient. Deux mondes complémentaires au contact desquels s'est dessinée ici, au fil des siècles, une identité particulière : « l'esprit adriatique », cosmopolite, pétri d'humanisme et de culture, virtuose dans l'art de la diplomatie, en bons termes avec le doge de Venise comme avec le sultan de Constantinople. Ce savoureux et stimulant cocktail, vous le retrouverez

à chaque pas, inscrit dans la pierre et le patrimoine de ses monuments : gothique vénitien, baroque romain, icônes serbes, manuscrits turcs, synagogue sépharade, église jésuite… Le tout sur moins de un kilomètre carré. Après avoir plongé dans le riche passé de cette cité qui ne fut pas une « Venise de deuxième rang » mais sa digne rivale, il sera temps d'aller au Banje ou à Saint-Jacques de Višnjica sacrifier au rite de la baignade dans la mer croate, la plus propre au monde selon le commandant Cousteau. À la nuit tombée, vous dînerez d'un bar tout frais pêché, grillé d'un filet d'huile d'olive. Et le lendemain ? Vous n'aurez que l'embarras du choix : brunch au café Festival, danses traditionnelles sur le parvis de Saint-Blaise, petit tour dans les boutiques de corail vermeil et bijoux d'or… Vous en avez assez d'être « embastionné(e) » ? Partez pour la villa de Trsteno où l'archiduc Maximilien et son épouse Charlotte ont gravé leurs noms dans le tronc de deux châtaigniers. Ou pour l'anse de Cavtat : on y croise toujours, devant les palmiers, quelque yacht de rêve. Vous préférez les îles ? Laquelle irez-vous explorer ? La bienheureuse Lokrum, ce diamant piqué de cyprès où l'on nage entre criques et karst ? Ou bien Šipan ? L'olivier et le citronnier y fleurissent sans jamais être menacés par le gel. Celles et ceux qui préfèrent lézarder sur le sable feront cap vers Lopud. Korčula et Lastovo, si pittoresques, sont trop lointaines pour un très court séjour. Reste la sauvage Mljet où l'on nage au bord d'un grand lac avec, en toile

de fond, l'îlot solitaire de Sainte-Marie et la caresse de la brise dans les pins. Celle-là, c'est vrai, ressemble assez à l'idée que l'on peut se faire… du paradis terrestre.

Partir à Dubrovnik

Le climat

Il est méditerranéen et plutôt agréable avec, en moyenne, 2 774 heures d'ensoleillement par an. La meilleure période pour un séjour balnéaire ? De la mi-juin à la mi-septembre : ces trois mois ne comptent qu'une douzaine de jours de pluie.
En août, la température de l'air peut dépasser les 30 °C, celle de l'eau atteint 26 °C (prévoyez une paire de sandales antioursin !).
Si vous êtes allergique aux grandes chaleurs et à la foule, optez pour mai ou octobre : le soleil y est plus doux, les prix aussi. L'hiver, déserté par les touristes, ne manque pas de charme mais les restaurants, commerces et hôtels sont fermés pour bon nombre d'entre eux et les liaisons maritimes, moins fréquentes. Si vous venez pour la Saint-Blaise, emportez gros pull et cache-nez ! La *bura,* le vent qui souffle du nord-est, est assez rude en février.

TÉLÉPHONER À DUBROVNIK

Pour appeler Dubrovnik depuis un téléphone fixe français, composez le 00385 20 suivi du numéro de votre correspondant.

Comment partir ?

En avion

C'est de loin la solution la plus rapide ! Dès le printemps, une vingtaine de compagnies (SN Brussels, Lufthansa…) atterrit à l'aéroport de Dubrovnik, sans parler des charters affrétés par les tour-opérateurs au départ de Brest, Lyon, Nantes ou Marseille.
La Croatia Airlines, dont le code est *OU,* assure chaque semaine, entre Paris-Charles-de-Gaulle (CDG) et l'aéroport de Dubrovnik (DBV), trois vols directs d'une durée de 2h15 : le mer. (départ de CDG à 11h35, arrivée à 13h50), le ven. (même horaire) et le dim. (départ à 18h50, arrivée à 21h05).
Vols retour : le mer. (départ de DBV à 14h40, arrivée à 17h10), le ven. (même horaire) et le dim. (départ à 15h30, arrivée à 18h).
Elle assure également quatre autres vols avec escale à Zagreb (ZAG), mais ils sont moins commodes. Les vols des lun., mar., jeu. durent 3h30 ; celui du sam., 5h. Par ailleurs, les retours via Zagreb sont très matinaux (6h25 ou 6h45 au départ de DBV). Notez qu'à CDG, l'enregistrement des vols *OU* s'effectue d'ordinaire au comptoir de la Lufthansa (CDG 1, zone 4).
Les Airbus de la Croatia Airlines desservent aussi l'aéroport de Bruxelles, à raison de deux vols directs par semaine, d'une durée de 2h30 (le lun. et le ven.), et de cinq vols avec escale à Zagreb ou Split (les autres jours).
Les compagnies Croatia Airlines, Austrian (avec escale à Vienne) et Lufthansa (via Munich) proposent souvent des tarifs promotionnels. Les offres les plus avantageuses sont soumises à des conditions particulières d'achat (les billets ne sont ni modifiables ni remboursables).

Croatia Airlines à Paris
9, rue du Faubourg-Saint-Honoré, 75008 Paris
☎ 01 42 65 30 01
Ⓕ 01 42 66 43 27
croair@easynet.fr
www.croatiaairlines.hr

Croatia Airlines à Bruxelles
Aéroport (Zaventem)
☎ (32 2) 753 5133 ou 5132
Ⓕ (32 2) 753 5130

Croatia Airlines à Dubrovnik
Brsalje 9 (porte de Pile)
Lun.-ven. 8h-16h, sam. 9h-12h
☎ 020 413 776 ou 777
Ⓕ 413 993
Réservations : ☎ 062 777 777
ctn.sales@ctn.tel.hr

Aéroport de Dubrovnik
Zračna luka, Čilipi
standard général :
☎ 020 773 333
Comptoir Croatia Airlines :
☎ 020 773 224
Check-in : ☎ 020 773 232
www.airport-dubrovnik.hr

S'INFORMER AVANT DE PARTIR

Office national croate du tourisme
- À Paris :
48, avenue Victor-Hugo, 75116 Paris
☎ 01 45 00 99 55
- À Bruxelles :
Vieille Halle aux Blés 38, 1000 Bruxelles
☎ (02) 550 18 88
- À Zurich :
Badenerstrasse 332, 8004 Zurich
☎ 043 336 20 30

Consulat de Croatie
- À Paris :
42, rue de Lübeck, 75016 Paris
☎ 01 53 70 02 87
- À Bruxelles :
Avenue Louise 425, 1050 Bruxelles
☎ (02) 644 65 10
- À Zurich :
Bellerivestrasse 5, 8008 Zurich
☎ 044 422 83 18

Sites Internet :
www.croatia.hr
www.dubrovnik-online.com
www.hr

En car

On ne peut pas arriver à Dubrovnik en train : il n'y a plus de gare ferroviaire. En revanche, il existe une liaison quotidienne par autocar au départ de Trieste (14h) et une liaison régulière – 4 fois par semaine – au départ de Paris, assurée par la compagnie Eurolines. Le trajet est long – 24h de voyage avec changement à Zagreb – et cher (216 € l'aller-retour) mais il a ses adeptes.

Eurolines (gare routière de Paris-Gallieni)
28, avenue du Général-de-Gaulle, 93541 Bagnolet
☎ 0892 89 90 91
www.eurolines.fr
Contact en Croatie : Autotrans Rijeka, ☎ 051 213 821.

En voiture

Paris et le sud de la Dalmatie sont séparés par 2 153 km ! C'est trop de route pour un court séjour, d'autant que le tronçon Rijeka-Dubrovnik est souvent embouteillé. Voici néanmoins, pour les automobilistes qui auraient tout leur temps, les deux itinéraires possibles : l'un via l'Allemagne (Paris, Metz, Sarrebruck, Munich, Salzbourg, Ljubljana), l'autre, plus cher, via l'Italie (Paris, Lyon, Milan, Venise, Trieste ou Milan, Bologne, Ancône et ferry Ancône-Split).

En bateau

Chaque été, des ferries relient le port d'Ancône, situé sur la rive italienne de l'Adriatique, au port de Split (204 km de Dubrovnik).
Ceux de la Jadrolinija partent d'Ancône à 21h et arrivent à Split à 6h le lendemain (certains continuent sur Korčula : arrivée à Korčula à midi). Tarif haute saison : 57 € pour le véhicule et 60 € par personne en couchette. Les ferries à grande vitesse de la Snav effectuent le trajet de jour. Départ d'Ancône à 11h, départ de Split à 17h. Tarif haute saison : 73 € par adulte, 88 € pour le véhicule.

Jadrolinija : à Ancône, ☎ (0039) 071 204 516 ; à Split, ☎ 021 338 333 / 338 305.

Snav : ☎ 01 48 04 76 20 ; bureaux à Ancône : ☎ (0039) 071 207 6116, www.snav.it ; à Split : ☎ 021 32 22 52.

L'été est aussi la saison des croisières. Les voyagistes en proposent de toutes sortes :
• Au départ de Rijeka, le *Jason* (vitesse 12 nœuds) cabote une semaine jusqu'aux bouches de Kotor en passant par Korčula, Mljet et Dubrovnik ;
• Au départ de Venise, le *Dalmacija* (16 nœuds) jette l'ancre à Korčula, Dubrovnik et Kotor. Dans tous les cas, l'itinéraire est superbe mais l'escale à Dubrovnik, trop courte pour que vous puissiez vraiment goûter aux charmes de la ville.

De l'aéroport au centre-ville

L'aéroport international de Dubrovnik est situé à 5 km de Cavtat et 22 km sud-est de Dubrovnik, à proximité du village de Čilipi et de la route qui conduit au Monténégro. C'est un terminal flambant neuf qui a accueilli pour la seule année 2006 1 215 000 passagers, et qui dispose de tous les services nécessaires (un bureau de change OTP Banka, ouvert de 6h30 à minuit, des agences de location de voitures, etc.). Il est relié à Dubrovnik par des bus et des taxis.

En bus

Ils stationnent tous devant le hall des arrivées.
Le transfert des passagers qui ont réservé un séjour « tout compris » est pris en charge par le car de leur tour-opérateur qui les déposera directement à leur hôtel.
Les bus Atlas, eux, sont en correspondance avec les vols Croatia Airlines.
Si vous êtes un voyageur « individuel » arrivé à l'aéroport par une autre compagnie, il vous faudra prendre un taxi ou attendre le prochain Atlas.
Durée du trajet : 30 min.
Le billet (35 kn) s'achète auprès du chauffeur. À l'aller, le bus s'arrête à Pile, l'entrée ouest de la vieille ville, et continue jusqu'à la gare routière située près du port de Gruž. Dans le sens inverse, le bus quitte l'*autobusni kolodvor* de Gruž 90 min avant chaque vol Croatia Airlines mais ne s'arrête pas à Pile.
Gare routière : ☎ 060 305 070.

En taxi

Ils stationnent, eux aussi, devant le hall des arrivées mais sont nettement plus coûteux. Comptez entre 220 et 260 kn, selon la densité du trafic, pour une course aéroport/vieille ville.
Radio taxi Dubrovnik : ☎ (020) 970.

Louer une voiture

Elle ne vous sera guère utile si vous restez à Dubrovnik : la vieille ville est entièrement fermée à la circulation automobile. En revanche, si l'envie vous prend d'explorer la presqu'île de Pelješac ou de

pousser jusqu'à Split, n'hésitez pas ! Sur présentation de votre carte d'identité et de votre permis de conduire, vous pourrez louer une Twingo pour 340 kn/par jour ou une Škoda Fabia pour 560 kn/le week-end, kilométrage illimité, assurances collision et vol comprises.
Notez que l'entrée sur le territoire bosnien ou monténégrin peut être soumise à des clauses particulières.
Et qu'il est plus avantageux de réserver avant le départ (certains voyagistes proposent des formules avion + voiture assez intéressantes).
Âge minimal requis : 21 ans (25 ans pour les modèles de catégories supérieures).
Le port de la ceinture de sécurité est obligatoire, à l'avant comme à l'arrière, et les feux de croisement doivent être allumés de jour comme de nuit. La vitesse est limitée à 50 km/h en agglomération, 90 km/h sur route nationale et 130 km/h sur l'autoroute (payante) Split-Zagreb. Il est recommandé de faire preuve

FORFAITS

De plus en plus de voyagistes, tels Nouvelles Frontières (www.nouvelles-frontieres.fr) ou Jet Tours (www.jettours.fr) proposent des séjours d'une semaine dans le sud de la Dalmatie incluant le transport aérien et l'hébergement, un circuit combiné, une croisière en goélette ou une balade sportive, du genre « safari kayak » avec bivouac dans une crique de Korčula.
Ce type de formule forfaitaire est avantageux et commode, puisqu'il évite tous les tracas des réservations. Citons, parmi les tour-opérateurs qui ont une solide expérience de la Croatie :

- **Bemex : 4, avenue Desfeux, 92100 Boulogne ☎ 01 46 08 40 40, www.bemextours.com (voir p. 5)**
- **Clio : 27, rue du Hameau 75015 Paris ☎ 0826 10 10 82, www.clio.fr**
- **Dubrovnik Plus : 5, place Charras, 92400 Courbevoie ☎ 01 46 67 39 10, www.croatie.com**
- **Transtours : 49, avenue de l'Opéra, 75002 Paris ☎ 0825 031 031, www.marsans.fr**

de la plus grande vigilance au volant, notamment sur la route côtière, très encombrée, et de prévenir aussitôt l'ambassade à Zagreb en cas d'accident grave. Gardez à l'esprit que le taux d'alcoolémie autorisé au volant est de 0 g/l et que les amendes sont fortes. Prix de 1 l d'essence : environ 7,90 kn. Les agences de location sont présentes dans le hall d'arrivée de l'aéroport et aux abords de la vieille ville.

Budget
Obala Stjepana Radića 24
☎ 020 418 997 ou 998
reservations@budget.hr

Gulliver
Put Frana Supila 7
☎ 020 426 477
rent-a-car@gulliver.hr

Hertz
Put Frana Supila 9
☎ 020 425 000
reservations@hertz.hr

INA (stations essence)
• Dr. Ante Starčevića 76
en saison, ouv. t. l. j. 7h-21h
• Vladimira Nazora 2
en saison, ouv. t. l. j. 6h-22h

État du trafic : www.hak.hr

Formalités

Pour un séjour inférieur à 3 mois, les touristes européens, suisses et canadiens n'ont besoin que d'une carte nationale d'identité, dont la validité doit impérativement couvrir toute la durée du séjour envisagé. Pour emprunter le tronçon de route qui traverse le territoire bosnien entre Dubrovnik et Split (Neum), la carte d'identité est également suffisante, à condition de ne pas sortir dudit tronçon. En revanche, le passeport est nécessaire pour pouvoir faire une excursion en Bosnie-Herzégovine ou au Monténégro.

La douane

Les voyageurs de plus de 18 ans peuvent introduire en Croatie sans acquitter de droits de douane – en plus, bien sûr, de leurs effets personnels, appareil photo, ordinateur portable, etc.
– 1 l d'alcool, 2 l de vin, 500 g de café, 200 cigarettes, 50 ml de parfum et jusqu'à 15 000 kn par personne.
Les devises étrangères, elles, ne sont soumises à aucune restriction mais les sommes supérieures à 40 000 kn doivent être déclarées.
Vous voulez emmenez votre chien ? N'oubliez pas de vous munir de son certificat de santé établi par un vétérinaire au moins 30 jours avant le passage de la frontière.

Infos : www.carina.hr

Santé

Aucun vaccin n'est exigé. Seules précautions : privilégiez l'eau minérale, surtout dans les îles, évitez tout contact avec la volaille sur les marchés, munissez-vous de quoi prévenir les coups de soleil et soigner les piqûres d'oursin (les pharmacies locales vendent de petites pompes qui permettent de désinfecter la plaie et d'extraire le piquant sans le casser). Si vous suivez un traitement, songez à emporter suffisamment de médicaments dans vos bagages car vous n'êtes pas assuré(e) de retrouver les mêmes sur place. Notez que les touristes bénéficient tous, en Croatie, de l'aide médicale d'urgence. Et qu'au terme d'un accord bilatéral, les ressortissants français peuvent même obtenir à leur retour en France le remboursement des frais qu'ils auraient pu engager en Croatie (conservez vos reçus !).

La kuna

Depuis 1994, l'unité monétaire croate est la kuna (en abrégé : kn ou HRK). Ce mot qui signifie « martre » – allusion à l'époque où les taxes étaient prélevées en peaux de martre – se prononce « kouna ».
La kuna se divise en 100 lipa (« tilleul », lp). Il existe des coupures de 5, 10, 20, 50, 100, 200, 500 et 1 000 kuna, des pièces de 1, 2, 5 kuna ainsi que 1, 2, 5, 10, 20 et 50 lipa.
Le taux de change de la

kuna est relativement stable : en novembre 2006, 100 kn valaient 13 €. Autrement dit, 100 € = 733 kn.
Le taux du jour est consultable sur www.hnb.hr

Budget

Les transports en bus et en bateau sont bon marché, de même que les activités culturelles : une place de cinéma n'excède pas les 20 kn ! Et l'on peut manger correctement pour moins de 80 kn. L'hôtel et le transport une fois payés (450 €), il vous faudra compter, pour deux jours, sur un budget de 150 €. Tout dépend, bien sûr, du choix des établissements et de la fréquence de vos arrêts dans les boutiques de souvenirs. Comptez 150 kn le déjeuner au Pucić Palace (boissons non comprises), 40 kn la pizza chez Mea Culpa et 17 kn les 3 cl de *lozovača* dans un café du Stradun. Un ticket de bus Gruž-Trsteno coûte 16 kn, un aller simple en ferry à Korčula, 64 kn, une excursion au Monténégro, 390 kn, un billet pour assister à la *moreška,* 80 kn, un kilo de nectarines, 18 kn, une petite bouteille d'eau minérale, 5 kn chez Konzum ou… 15 kn sur les remparts. Si vous vous contentez d'un déjeuner léger, d'une balade à Lokrum et de quelques menus achats, vous pourrez vous en sortir avec 350 kn par jour.

Langues

Pour désigner la langue nationale, on n'utilise plus le terme, longtemps officiel, de serbo-croate ou croato-serbe, mais celui de croate. Le croate, qui s'écrit en caractères latins et appartient au groupe occidental des langues slaves du Sud (comme le serbe dont il est très proche et néanmoins distinct, voir p. 17), est constitué de trois dialectes. Dans le sud de la Dalmatie, on parle un štokavien jékavien émaillé de nombreux mots dérivés de l'italien : *škatula* (boîte, de l'italien *scatola), funjestra* (fenêtre, de *finestra)*… Aujourd'hui, dans le secteur touristique, l'anglais est plus répandu que l'italien ou l'allemand. Le français, lui, est parfois pratiqué dans les grands hôtels.

Heure locale

Pas de décalage horaire entre Dubrovnik et Paris ! Été comme hiver, les pendules croates sont réglées à la même heure que les horloges françaises. Et les dates de changement d'horaire sont identiques.

Voltage

Le courant est le même qu'en France (220 V, fréquence 50 Hz) et les prises sont identiques. Attention : le réseau étant un peu « fatigué », il arrive qu'il y ait, dans la région, des pannes générales d'électricité.

JOURS FÉRIÉS

Le 1er janvier, le 6 janvier (Épiphanie), Pâques et Lundi de Pâques, le 1er mai, le 2e jeudi suivant la Pentecôte (Tijelovo : Fête-Dieu), le 22 juin (commémoration de la résistance antifasciste), le 25 juin (Dan državnosti : fête nationale), le 5 août (journée du souvenir national), le 15 août (Velika Gospa : Assomption), le 8 octobre (célébration de l'indépendance), le 1er novembre, les 25 et 26 décembre.

Bains de mer

De douces températures, une eau vivifiante… : il n'en fallait pas plus pour que des médecins austro-hongrois (de 1815 à 1918, les Habsbourg étaient maîtres de la Dalmatie) prescrivent à leurs patients des bains de mer sur la côte adriatique. Les premières stations ont vu le jour en Istrie, à la fin du XIXe s. Le gotha viennois soignait son spleen à Opatija, les riches Hongrois s'ébrouaient plus au sud, du côté de Makarska. Dubrovnik ne pouvait échapper à la mode : elle devint la station n° 1 de la Yougoslavie de Tito.

Le succès d'une station

Pour répondre à l'augmentation croissante du nombre des curistes dans les années 1890, on créa trois compagnies de navigation et l'on édifia l'hôtel Impérial (l'actuel Hilton, p. 89). Une flotte de treize vapeurs assurait le cabotage le long de la côte mais aussi les « excursions de plaisir » entre Gruž et les îles. Le Musée maritime (p. 43) conserve la maquette du *Kralj Aleksandar I,* l'un de ces navires de croisière dont les voyagistes de l'époque vantaient déjà les mérites. Très vite, on vit émerger, face à la mer, des villas (Odak, Shéhérazade) et des cafés qui n'auraient pas déparé à Vienne ou à Budapest. En 1937, le tourisme atteignait des chiffres records. Ils se firent plus spectaculaires encore sous le régime de Tito : en 1965, Dubrovnik, désormais reliée aux autres villes de la côte par une route touristique, était la villégiature la plus prisée de la République fédérative socialiste yougoslave. En tête des baigneurs : les Allemands

L'hôtel Impérial

et les Autrichiens, suivis des Italiens, Tchèques et Hongrois. Aux palaces fanés ont succédé des complexes hôteliers en béton, plus modernes, pas toujours très heureux mais plus respectueux des sites que certaines stations d'Algarve ou de Catalogne. Les plages, elles, n'ont pas changé…

Mais où se baigner ?

Il ne faut pas s'attendre à trouver ici des plages au sens français du terme (« endroit plat et bas du rivage, constitué de galets ou de sable plus ou moins

fin »). Si le Banje, situé au bout des Lazareti, mérite bien cette appellation, les autres « plages » de la vieille ville se résument plutôt à quelques rochers et dalles de ciment ou de béton, dotées d'une échelle permettant d'accéder à l'eau (par ex., au n° 5 d'Ispod mira, p. 51). La formule, quoique rudimentaire, est très rafraîchissante par grosse chaleur. La grève la plus commode pour les enfants ? Copacabana sur la rive nord-ouest de Babin Kuk : ce n'est pas la plus propre mais il y a là des toboggans et diverses animations. L'Uvala Danče, au pied de l'hôtel Bellevue, bascule dans l'ombre dès 17h30, comme toutes les criques orientées à l'est. En revanche, Sveti Jakov (p. 55) reste longtemps ensoleillée.

Pour hâler en paix…

… rien ne vaut les îles ! Lokrum – la plus proche de Dubrovnik – a une piscine naturelle, Mortvo More (p. 61), et des « récifs sous-jacents, violets comme des murs couverts de bougainvillées », au milieu desquels l'écrivain Paul Morand aimait à nager. Koločep, moins connue, cache son ourlet de sable en pente douce au fond de la baie de Donje Čelo. À Lopud, on paresse, entre pins maritimes et bleu caraïbe, sur le croissant doré de Šunj. À Mljet, la plus belle plage s'appelle Saplunara (p. 69).

À Korčula, les estivants qui n'auraient pas le temps de voguer jusqu'à Badija peuvent faire trempette au Banje, près du bassin du Korčulanski Plivački Klub, ou nager à 500 m à l'ouest de la vieille ville, en contrebas du couvent dominicain (Put Sv. Nikole). Prenez garde aux oursins ! Précisons que la location d'un parasol *(suncobran)* ou d'un transat *(ležaljka)* tourne autour de 20 kn et que le *palava zastava* – pavillon bleu – indique que la mer y est extra-propre (il flotte par ex. sur les plages des hôtels President à Dubrovnik et Croatia à Cavtat).

FKK

La « culture du corps libre », pour reprendre le nom allemand – *Freie Körperkultur,* en abrégé *FKK* – que l'on donne au naturisme en Dalmatie a derrière elle une longue tradition. Plusieurs « plages » de la région sont entièrement ou partiellement réservées aux naturistes : la plage située au sud de l'hôtel Dubrovnik Palace (Lapad), la partie S.-E. de Lokrum, l'île de Supetar (Cavtat), la crique au N.-O. de la plage de Koločep, le secteur gauche de l'anse de Šunj (Lopud) et la rive N.-O. de Badija (p. 73).

Saveurs dalmates

Andrej di Leo, le cordon bleu du Dubrovački Kantun, vous le dira : pour être exquise, la cuisine dalmate doit rester simple ! Pas de sauces sophistiquées ni d'épices trop relevées : juste un filet d'huile d'olive et deux brins de romarin. Ajoutez-y quelques ingrédients glanés dans la vallée du Konavle ou le delta de la Neretva – foulques, poutargues, mandarines… – et vous obtiendrez un avant-goût de ce qui fait le charme de la gastronomie dubrovnikoise – très proche, au fond, des délices de l'autre rive de l'Adriatique. De quoi aiguiser l'appétit !

Gourmandises marines

Vous n'y couperez pas : tout le long de la côte, poissons et fruits de mer occupent une place de premier choix. Ils trônent sur les plateaux des tables les plus en vue, où ils sont traditionnellement servis avec des citrons, une pointe d'ail, des pommes de terre et des bettes *(blitva)*. Les poissons, parfois frits, plus souvent grillés *(na žaru)*, se déclinent aussi en soupe *(brudet)* ou en bouillabaisse *(gregada)*. On accommode le poulpe *(hobotnica)* en salade

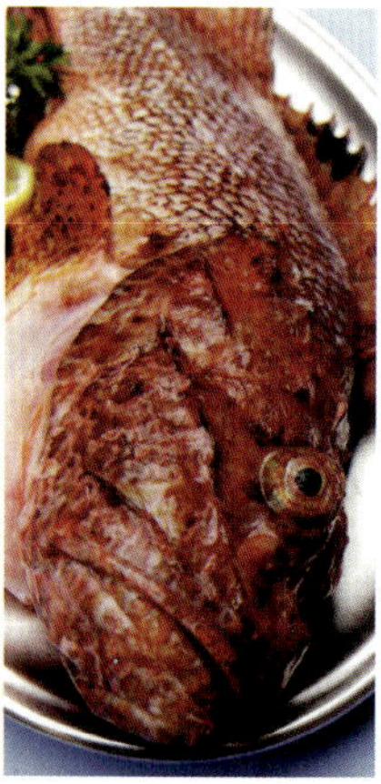

avec quelques grains de coriandre et des échalotes. On parfume le risotto à l'encre de seiche *(crni rižot)* : certes, le noir tache un peu les dents mais le parfum est unique. Autres vedettes : les moules et langoustines à la *buzara*. Elles sont cuites dans un fumet de poisson au vin blanc.

Spécialités locales

Les fameuses huîtres de Ston, élevées au pied de l'isthme qui relie la presqu'île de Pelješac au continent, sont de tous les menus. Le potage aux anguilles, lui, vient du delta de la Neretva (80 km N.-O. de Dubrovnik) où l'anguille, *jegulja,* vit en grand nombre, dans une eau très pure, et peut atteindre plus de un mètre de longueur. Certains la cuisent à la broche, de manière à faire fondre lentement la graisse, d'autres la grillent sur braises ou la servent en potage, parfois assortie de grenouilles *(crveni brudet)*. Figure également, parmi les hors-d'œuvre, la *butarga* salée et séchée que l'on déguste en fines lamelles, avec du pain et du vin. Il s'agit de la poche contenant les œufs des mulets argentés du delta, qui chaque année, au début du mois d'août, migrent vers la presqu'île de Pelješac où ils sont capturés. En français, on donne à cette spécialité, dont la saveur est forte mais succulente, le nom de poutargue.

Les fromages

Le plus renommé – et de loin le meilleur, lorsqu'il a été bien conditionné – est le *paški sir,* un fromage à la croûte jaune, qui a mûri de 6 à 12 mois et que l'on sert en hors-d'œuvre, avec une poignée d'olives et une tranche de *pršut* (jambon séché). Très sec, corsé, il s'effrite à la manière du parmesan mais fond dans la bouche. On attribue son goût particulier à l'herbe des maigres garrigues de l'île de Pag où paissent les brebis, mais aussi au sel marin qu'y ont déposé la brise et le vent du nord. À côté du *kozlar* (un chèvre originaire de l'arrière-pays de Zadar) et du *kolan* au lait de vache, vous croiserez peut-être, sur les chariots des meilleurs restaurants, le *žigljen* et le *figurica,* deux mi-vache mi-brebis légèrement piquants. Ces spécialités, tantôt marinées dans l'huile tantôt servies avec une confiture de figues, appellent volontiers un vin rouge de Pelješac ou de l'île de Hvar (les sommeliers conseillent le zlatan plavac de Plenković).

KONTONJATA

Côté desserts, le choix est plus restreint, dans le sud de la Dalmatie en tout cas. Il se résume au *cukarin* (p. 125), à la *rozata* – une variante de notre crème brûlée – et à des quartiers de pâte de coings auxquels on donne le nom de *kontonjata.*

La recette en est longuette mais simple :

- Il suffit de débarrasser 2 kg de coings de leur duvet et de leur cœur, de les couper en tranches et de les mettre dans une grande casserole d'eau.
- Porter à ébullition et laisser mijoter jusqu'à ce qu'ils soient réduits en purée.
- Laisser le jus s'écouler, peser la purée de coings, y ajouter 80 % de son poids en sucre.
- Faire cuire ensuite à feu doux, sans ajouter d'eau mais en remuant régulièrement (2 h si nécessaire) avec une cuillère en bois.
- Verser dans un plat, remplir sur 2,5 cm d'épaisseur. Une fois froide (et donc gélifiée), couper la pâte en quartiers. Servir sur une feuille d'oranger.

Une république aristocratique

Raguse, qui avait obtenu son indépendance au XIVe s. sous le règne du roi Louis le Grand de Hongrie, était une république aristocratique, consciente de sa dignité, fière de ses couleurs – le rouge et le bleu – et plus encore de sa devise, *Libertas,* un mot que l'on retrouve sur sa bannière et dans le célèbre vers d'Ivan Gundulić, *O lijepa, o draga, o slatka slobodo :* « Ô belle, ô chère, ô douce liberté »...

Ses institutions

Cette cité-État, si éprise de liberté, avait à sa tête un recteur élu – pour un mandat de un mois seulement ! – par ses pairs, les nobles ou patriciens. Le recteur, paré de sa toge rouge, détenait les clés de la ville mais sa charge était avant tout honorifique : ce sont les patriciens qui exerçaient, seuls, le pouvoir (les bourgeois, même aisés, étaient exclus de la vie politique). À l'entrée de la salle de réunion du Grand Conseil (p. 50) figure une inscription latine qui résume à merveille l'esprit de l'État ragusain : « Oubliez vos intérêts personnels, souciez-vous seulement du bien public. »

Son territoire

Les îles, comme postées en sentinelle au large de Raguse, représentaient un atout des plus précieux pour un État à vocation maritime. Déjà maître du « comté des Trois Îles » (les Élaphites) en 1272, la cité se lança dans une expansion territoriale intelligente et relativement pacifique. Au début du XIVe s., les Ragusains s'assurèrent la possession de Mljet avec l'aide des abbés de Sainte-Marie puis achetèrent au roi des Serbes la presqu'île de Pelješac. Les barons de Bosnie s'opposèrent à leur rachat du Konavle – l'arrière-pays de Cavtat – mais le gouvernement, toujours plein de ressources, parvint à l'annexer. Il sut affranchir les serfs et autoriser la transhumance des bergers

valaques. Seul échec : l'île de Korčula, qu'il voulait acheter à perpétuité et qui ne fut ragusaine que trois ans, de 1413 à 1417.

Sa puissance

Dans un premier temps, comme les Vénitiens limitaient les mouvements de sa flotte, Raguse fit surtout du négoce avec l'intérieur des terres : les Balkans. Autour des mines d'argent de Novo Brdo et Srebrenica, et dans les agglomérations les plus importantes (Sofia, Plovdiv, Priština...), elle créa des comptoirs ou *kolone*. Une fois libérée de Venise, elle put s'orienter vers la mer et mettre à profit ses bonnes relations avec les Ottomans (Raguse est alors le seul État chrétien qui ait obtenu du sultan le privilège de commercer dans son empire) pour s'imposer comme un intermédiaire incontournable entre l'Occident et l'Orient. Le transport du sel, produit dans les salines de Ston, et des céréales, qu'elle achetait en Albanie ou en Grèce avec l'autorisation des Ottomans, lui ouvrit la voie du succès et lui permit de développer sa flotte. Par bateau, elle exportait en Italie des produits – fourrures, cuir, fer, cire, laine... – qu'elle avait rapportés des Balkans par caravane. Inversement, elle acheminait vers Constantinople des articles italiens de luxe. Résultat : au XVIe s., la flotte de Raguse – 180 navires au total – égalait en tonnage celle de Venise. Les armateurs (tel le riche mécène Miho Pracat de Lopud) investissaient leurs capitaux dans des villas et des banques étrangères. En 1790, le montant des avoirs ragusains placés à Palerme, Rome, Gênes et Venise avoisinait les 700 000 ducats.

1808 : LA CHUTE

En 1805, Raguse était parvenue à se hisser au premier rang des flottes marchandes méditerranéennes. C'était sans compter sur Sa Majesté l'empereur Napoléon qui, pour des raisons militaires (il voulait interdire à l'Autriche tout débouché maritime), chargea les généraux Molitor et Lauriston de s'emparer de la Dalmatie jusqu'aux bouches de Kotor. Le 30 janvier 1808, le général Marmont entra dans Raguse, abolit la république au nom de la liberté et la rattacha à une entité nouvelle, les Provinces illyriennes. « Vous allez être des nôtres ! », disait-il. Le résultat ne fut pas à la hauteur des espérances. Certes, le régime français eut le mérite d'abolir le ghetto, de favoriser l'enseignement du croate et de construire la route côtière (l'actuelle Jadranska magistrala) mais en moins de deux ans, il réussit à provoquer la ruine de la ville, à exaspérer le clergé et les patriciens autant que le peuple qu'il entendait pourtant, au passage, « libérer de l'oppression des perruques ».

Miho Pracat

Quinze ans après

Il y a tout juste quinze ans, la JNA, l'Armée populaire yougoslave, lançait une offensive contre le sud de la Dalmatie, la coupant du reste de la Croatie, blessant ou tuant de nombreux civils et provoquant l'exode de 33 000 habitants. Durant sept longs mois, les forces serbo-monténégrines avaient assiégé Dubrovnik. Que s'est-il passé depuis ? La région, libérée le 26 octobre 1992, a pansé ses plaies. La population est revenue à 80 %, le Tribunal pénal de la Haye a condamné les agresseurs...

La restauration

... mais les cicatrices sont loin d'avoir toutes disparu. Le siège n'avait pas épargné les monuments : quelque deux mille obus et roquettes étaient tombés en 1991-1992 sur la perle de l'Adriatique. Les dégâts ont été précisément recensés : 563 des 824 édifices de la vieille ville avaient été touchés. Pour autant, Dubrovnik n'était pas, comme la ville martyre de Vukovar, un amas de ruines fumantes (seuls sept palais avaient été réduits en cendres). Mais plusieurs des bâtiments que la JNA avait pris pour cible étaient des symboles forts de « l'Athènes slave » : bibliothèques, monastères... La vue du vieux port en flammes fit la une des médias : très vite, la communauté

internationale se mobilisa. Avec le soutien de l'Unesco et celui de la région de Toulouse qui envoya... 220 000 tuiles neuves, le Zavod za Obnuvu – l'institut de Restauration créé au lendemain du séisme de 1979 – parvint en dix ans à réparer l'essentiel du noyau historique. À l'institut (Miha Pracata, ☎ 020 324 060, lun.-ven. 9h-13h), un reportage « avant » et « après » de Damir Fabijanić montre bien l'ampleur du travail réalisé, dans le respect des techniques traditionnelles et des normes antisismiques. Le résultat paraît encore bien neuf mais déjà, la fontaine Amerling, sur la place Gundulić, a pris un peu de patine.

La « croatisation »

Autre forme de « restauration » : celle du vocabulaire ! Du temps de la Yougoslavie, serbe et croate ne formaient, en dépit de leurs différences, qu'une seule et même langue officielle. Après 1991, on les a considérés comme des langues *très* distinctes (bien que les similitudes soient fort nombreuses) et l'on a procédé à une intense « lessive » linguistique : chacun s'est défait des mots de l'autre.

Le jeune État croate s'est réapproprié son lexique oublié et a préconisé l'emploi de ses propres néologismes. Les écoliers ont donc appris qu'un avion se dit *zrakoplov* et non plus *avion* (jugé trop serbe). Toutes ces nouveautés, relayées par les médias, ont laissé les usagers quelque peu… désorientés.

Aux portes de l'Europe

Longtemps orageuses, les relations de la Croatie avec ses voisins ex-yougoslaves se sont normalisées (même s'il reste des contentieux, comme la question de la libre traversée du corridor bosnien de Neum, près de Dubrovnik). Le pays affiche des résultats économiques plutôt bons (mis à part le taux de chômage qui tourne autour de 18 %) et modernise ses infrastructures : on prévoit une extension jusqu'à Dubrovnik de l'autoroute Zagreb-Split et la rénovation du port de Gruž, ce qui devrait avoir des répercussions positives sur le tourisme, lequel représente déjà, avec dix millions de visiteurs par an, 20 % du PIB ! Du coup, la Croatie, qui en rêvait depuis 1991, s'est vu enfin accorder en 2004 le statut de candidat à l'Union européenne. Mais le dossier a piétiné, Bruxelles ayant jugé insuffisante la coopération du gouvernement avec le Tribunal de la Haye. La récente arrestation du général Ante Gotovina, recherché depuis 2001, devrait relancer les pourparlers. L'opinion publique, elle, est de plus en plus « eurosceptique ».

WAR PHOTO LIMITED

Un temps d'arrêt s'impose dans la galerie du Néo-Zélandais Wade Goddard. Entièrement dédiée à la photographie de guerre, elle montre chaque été, depuis 2004, les travaux de reporters comme Alexandra Boulat, Kate Brooks, etc., dont les images sont bien éloignées des visions édulcorées auxquelles Hollywood et les JT nous ont habitués. L'occasion de revenir sur le conflit yougoslave – le pire conflit européen depuis la Seconde Guerre mondiale. Et de revoir, entre autres, la photo par Ron Haviv d'un enfant croate à l'enterrement de son père. Poignant.

Antuninska 6 (A3) – ☎ 020 322 166
T. l. j. 9h-21h – www.warphotoltd.com

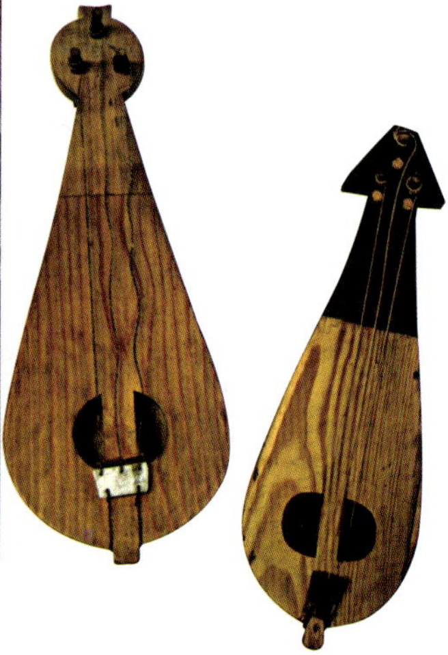

Danses et processions

En Dalmatie, les traditions et pratiques religieuses sont encore très vivaces. À Lopud, au matin du 18 juin, jour du Saint-Sacrement, le cortège des îliens entonne des cantiques sur des chemins jonchés de pétales de fleurs qui forment de ravissants motifs – chevrons de pensées, cœurs d'hortensias, papillons en soucis… À Korčula, ce sont les trois confréries – celle de Tous-les-Saints, Saint-Roch et Saint-Michel – qui défilent en tunique et pèlerine le vendredi saint et le jour de la Toussaint…

La fête de Saint-Blaise

De toutes les *procesije,* la plus fervente est celle qui honore saint Blaise, Vlaho étant à Dubrovnik ce que saint Marc est à Venise. Elle suit un cérémonial inchangé depuis des siècles : lâcher de colombes, tirs de tromblon et messe solennelle à l'issue de laquelle le cortège des religieux, confréries et paroissiens traverse la ville d'un pas lent derrière les fanaux et les grands cierges *(torce).* Les hommes d'Église portent les reliques – les langes du Christ sous leur dais pourpre, la couronne d'or aux émaux byzantins contenant le chef de Blaise, la jambe

du saint… – que les fidèles touchent de la main ou du bout des lèvres, tandis que l'on distribue figues séchées, vin et huile d'olive. Cette fête, Blagdan Svetoga Vlaha, a lieu chaque année, le 3 février.

Le *linđo*

La danse traditionnelle, elle aussi, est bien présente dans le sud de la Dalmatie. Le dimanche matin, la place de la Luža, à Dubrovnik, se prête aux rondes de l'ensemble folklorique local (p. 129). Et le parvis de l'église de Čilipi, à 2 km de l'aéroport, s'anime au rythme de la *lijerica* – le violon à trois cordes – et du *linđo,* une ancienne danse de Cour. Les femmes vêtues de leurs plus beaux atours (le costume du Konavle) dévoilent leurs jupons de dentelles. Parfois, des *klape* se joignent aux danseurs : ces chœurs d'hommes rappellent un peu les ensembles polyphoniques corses.

La *moreška*

Il s'agit d'une danse d'importation (à la différence de la *kumpanija,* danse native de Korčula) qui est arrivée d'Espagne au XVIe s. et ne se perpétue plus aujourd'hui… qu'à Korčula. Exécutée en présence de l'empereur François-Joseph lors de sa visite en 1875, elle est même devenue le symbole de l'île. Vous aurez l'occasion d'assister au spectacle le 27 juillet – jour de la Saint-Théodore – et tous les jeudis, au pied de la tour Veliki Revelin (p. 70). Dès la nuit tombée, sous le roulement des tambours surgiront deux groupes de soldats, armés de sabres, les uns habillés de noir, les autres de rouge, pour s'affronter dans une ronde guerrière. L'enjeu du combat ? Bula, la jeune fiancée du roi blanc, prisonnière de Moro, le vilain roi noir. Les deux factions paradent à contresens, poignards à l'épaule, babouches aux pieds. Chaque guerrier choisit son adversaire puis la lutte s'engage, sur un tempo de plus en plus frénétique. À la *sfida* (défi) succèdent sept *kolapa,* sept estocades bien distinctes, qui portent chacune un nom précis : Rugier (1), Moreška (2), Finta (3), Moro in dentro et Para pie (4), Križ (5), Rugier de Foravia (6) et Sedmi Kolap (7). Une huitième figure dite Špagnoletta, aujourd'hui tombée dans l'oubli, était exécutée jusqu'à la fin du XIXe s. On ne vous raconte pas la fin mais sachez qu'il vaut mieux ne pas être assis au premier rang : quand on croise le fer, des étincelles fusent.

SAINT BLAISE

De nombreuses légendes entourent la vie du doux et très saint Blaise. Il semble que, après avoir été élu évêque de Sébaste en Cappadoce (aujourd'hui Sivas, Turquie), il se soit retiré dans une grotte pour y vivre en ermite et y accomplir quelques miracles, ce qui n'eut pas l'heur de plaire au gouverneur de la région : il jeta Blaise en prison, lui déchiqueta la chair à l'aide de peignes de fer et le fit décapiter. Mais comment les Dubrovnikois en sont-ils venus à vénérer ce martyr anatolien du IVe s. ? On raconte qu'au Xe s., un certain Don Stojko, curé de l'église Sv. Stjepan (sise à l'angle d'Ispod Mira et Stulina), eut une vision du saint, coiffé de sa mitre, un bâton à la main : il venait l'avertir de l'imminence d'une attaque vénitienne. Raguse, sauvée grâce à cette apparition, récupéra les reliques du martyr en 972 et le déclara patron de la ville.

L'école de Raguse

Longtemps, la Dalmatie fit partie intégrante du marché de l'art… italien : les artistes qui y travaillaient étaient originaires de l'autre rive de l'Adriatique et les œuvres que l'on y achetait sortaient, pour la plupart, des ateliers vénitiens. De Zadar à Kotor, les peintres slaves avaient donc peine à percer devant l'expansionnisme de la Sérénissime. Sauf à Dubrovnik : au milieu du XVe s., l'État, indépendant, sut freiner l'importation de tableaux italiens et favoriser l'émergence d'une tradition artistique locale que l'on appelle l'école de Raguse. Un demi-siècle plus tard, tous les autels de la ville étaient décorés de retables : 150, selon un inventaire de 1573 ! Séismes et guerres nous en ont laissé une petite dizaine.

Les pionniers

Les premiers représentants de cette « école » avaient étudié la peinture à Venise. C'est le cas d'Ivan Ugrinović, qui fit ses preuves comme peintre d'icônes et de retables mais aussi comme fresquiste : il a participé à grand renfort d'or et d'azurite – un carbonate de cuivre importé de Bosnie – à la décoration de la salle du Grand Conseil (1433). Le seul témoin qui nous soit resté de son activité est le précieux polyptyque de la chapelle Saint-Antoine à Donje Čelo (Koločep), dont le style mi-gothique mi-byzantin rappelle fortement celui de Paolo Veneziano. C'est aussi le cas du plus jeune Matko Junčić, qui arrive de Kotor en 1446 et trouve le temps, avant de mourir en 1454, de peindre une demi-douzaine de retables pour les églises de la région, dont Notre-Dame de Šunj (Lopud, p. 65) : un retable à fonds d'or certes, mais déjà moins byzantin que celui d'Ugrinović.

Dobričević père & fils

Lovro Dobričević, lui aussi, fit son apprentissage à Venise (auprès, semble-t-il, du peintre Michele Giambono). On sait qu'en 1448 il ouvrit un atelier à Kotor – sa ville natale – et qu'il y conçut, en collaboration avec Junčić, un retable pour les Dominicains. Le succès aidant, il s'installa à Raguse en 1457. C'est là qu'il peignit le polyptyque du maître-autel de l'église de Danče (p. 57) : une Vierge à l'Enfant avec saint Julien l'Hospitalier et deux anges musiciens dont le traitement annonçait la Renaissance. Les figures, en effet, ont pris du volume, la mise en scène est un peu plus dynamique et l'usage de l'or – jusqu'alors prépondérant pour les arrière-plans – plus limité. Lovro eut deux fils peintres : Marin et le plus talentueux Vicko. Manifestement influencé par le style du Vénitien Bartolomeo Vivarini, Vicko Lovrin ouvrit son propre atelier à Raguse en 1506. On n'a conservé de lui qu'une seule œuvre : le polyptyque de Notre-Dame-des Neiges (p. 62).

Mihajlo Hamzić

En 1508, le sénat commanda à Hamzić, qui venait tout juste de rentrer de Padoue (il avait étudié son art dans l'atelier d'Andrea Mantegna), un *Baptême du Christ* pour le palais des Recteurs. Mais le tableau, avec ses figures ascétiques campées dans un paysage rocailleux, dut surprendre les Ragusains habitués à des compositions plus symétriques et des teintes moins austères . ici, seuls les nimbes sont dorés. Le style du triptyque qu'il exécuta en 1512 pour les Dominicains (p. 84), avec un saint Étienne vêtu d'une somptueuse dalmatique, était sans doute plus accessible à ses contemporains. Hamzić, malheureusement, ne réussit pas à vivre de sa peinture et après sa mort (1518), les mécènes locaux firent surtout appel à des artistes italiens.

NIKOLA BOŽIDAREVIĆ

On ignore tout des années d'apprentissage de Nikola Božidarević alias *Nicolaus Rhagusinus*, le plus célèbre représentant de l'école de Raguse. On suppose qu'il s'est formé à Venise, en Ombrie et à Rome car les quatre œuvres qui nous restent de sa main – sur les dix-sept mentionnées dans les archives – montrent qu'il connaissait bien les travaux de Carpaccio, Crivelli et Pinturicchio. Conservés au musée du couvent des Dominicains (p. 49) et à l'église de Danče (p. 57), ces quatre retables, encore très « archaïques » dans leur forme et leur aspect, reflètent les goûts passablement conservateurs des patriciens qui les ont commandés. Mais ils laissent filtrer – à travers l'usage de la couleur, le souci du détail et la profondeur du paysage (derrière la Vierge de l'*Annonciation*) – le souffle de l'humanisme.

L'art des modernes

Lorsque le poète dubrovnikois Medo Pucić l'encouragea à partir étudier la peinture à Paris, Bukovac s'appelait encore Fagioni, du nom de son grand-père, un navigateur génois qui s'était installé par hasard à Cavtat. Bukovac partit donc (1877), suivit les cours d'Alexandre Cabanel, exposa au Salon de Paris puis multiplia de nouveau les voyages. On le vit tour à tour à Cetinje, Split, Korčula, Zagreb. Partout, il exécuta des portraits…

Vlaho Bukovac

… ceux des enfants du prince Nicolas de Monténégro, ceux de la famille de l'industriel Samson Fox – des portraits qui furent salués par la critique, tant à l'Exposition du millénaire de la Hongrie (1896) qu'à la 2e Biennale de Venise (1897). Mais sur la côte dalmate, en plein air, Vlaho peignit des paysages et éclaircit sa palette. Si la galerie d'Art moderne conserve plusieurs œuvres de cette époque, dont une adorable *Rue à Cavtat* (1900), c'est que son séjour à Cavtat est primordial dans le développement de l'école croate : en jouant avec le soleil de l'Adriatique, Vlaho Bukovac (1855-1922) réussit à réveiller une tradition picturale qui s'était assoupie. On peut dire qu'il est une figure-clé de l'histoire de l'art moderne :

le Dubrovnikois Marko Rašica et le Viennois Johann Seits (1887-1967) lui doivent beaucoup.

Dans les années 1950-1960…

… trois autres Dubrovnikois ont marqué la peinture croate. Il s'agit de Dulčić, Masle et Pulitika. Ils appartenaient tous trois à la même génération et s'étaient tous trois opposés aux dogmes du *socrealizmus* (réalisme socialiste) – une attitude qui avait d'ailleurs valu à l'un d'eux d'être exclu des Beaux-Arts de Zagreb. L'aîné des trois, Ivo Dulčić (1916-1975), conçut des vues urbaines, des portraits – qui ne sont pas sans rappeler ceux de Soutine – et des vitraux : on lui doit, par exemple, ceux de l'église Saint-Blaise. Antun Masle (1919-1967), connu pour ses natures mortes, fut davantage marqué par les fauves et l'art brut. Đuro Pulitika – le plus jeune des trois (il est né en 1922) – élabora quant à lui, au fil des ans, une vision personnelle des paysages adriatiques, très colorée et un brin naïve.

Labours et petits cochons

Que sont devenus, à propos, ces « naïfs yougoslaves » qui connurent dans la seconde moitié du siècle dernier un vif succès commercial ? Ceux qui étaient originaires du nord de la Croatie (Podravina, Zagorje…) portent désormais le label « naïfs croates » et leur mouvement perdure, même si l'intérêt du public – touristes japonais mis à part – s'est émoussé. Les pionniers comme Ivan Generalić (1914-1992) étaient de vrais paysans qui dessinaient en gardant les vaches. Les peintures de leurs émules n'ont peut-être plus la saveur simple et authentique de la campagne mais les sous-verre d'Ivica Fišter ou Zvonko Sigetić, nés en 1952 et 1956, ne manquent ni de poésie ni de tendresse. Certains critiques relèguent leur œuvre au rang de kitsch provincial, tout juste bon à décorer une chambre d'enfant. D'autres y voient un vrai courant artistique qui s'inscrit, à l'heure de la mondialisation, dans la culture du « retour à la nature ».

La génération montante

À voir la récente exposition que la galerie d'Art moderne a consacrée aux jeunes artistes dubrovnikois, on mesure à quel point la création locale est bien éloignée, aujourd'hui, des naïfs, du colorisme et de la notion même de peinture. Leurs « outils » sont internationaux

(vidéo, installations, performances…) et leurs réalisations souvent empreintes d'une certaine parcimonie. On parle ici de « baroque froid ». Le traumatisme de la guerre n'est jamais loin. Figurent au nombre des plus talentueux Dubravka Lošić, Ana Opalić et Marko Ercegović, Božidar Jurjević, Tina Gverović, Viktor Daldon, qui a son atelier dans le village de Brsečine… En 1991, la plupart avaient à peine 20 ans.

GALERIJA DULČIĆ MASLE PULITIKA

C'est une annexe de la galerie d'art moderne (p. 55). Aménagée au dos du vieux port, dans une charmante maison du XVIIe s., elle réunit des œuvres d'Ivo Dulčić, Antun Masle et Đuro Pulitika – le fameux trio des années 1950-1960 – qui n'avaient jamais exposé ensemble de leur vivant. Une belle initiative qui permet de cerner leur style respectif et d'apprécier le meilleur de leur production : la *Vue du Stradun* de Dulčić (1950), les paysages printaniers de Pulitika (*Proljetni pejzaž*, 1974)…

Drzićeva poljana 1 (B3-4)
☎ 020 323 172
Mar.-dim. 10h-19h
Accès payant (billet valable pour l'Umjetnička Galerija).

Les bonnes vignes

Sont-ce les Grecs qui seraient à l'origine de la culture de la vigne dans le sud de la Dalmatie ? Difficile de l'affirmer avec certitude.
Ce qui est sûr, c'est que l'on a retrouvé dans la région des œnochoés (cruches à vin) du VIIe s. avant J.-C. et qu'il y a, dans l'île de Korčula et sur la presqu'île de Pelješac, tous les ingrédients – un sol fertile, des coteaux ensoleillés bien abrités du vent… – pour élever de très bons crus.
Petit tour du propriétaire.

Une longue tradition

Dès le XIVe s., Raguse fut un centre important de production, d'exportation et de… consommation de *vino*. Les tavernes où on le vendait appartenaient à l'État qui fixait lui-même la date à laquelle il fallait récolter les grappes mais aussi la surface dévolue à la vigne : comme le sol était bien plus favorable à la culture du raisin qu'à celle du blé, il dut restreindre les parcelles à 400 m² par foyer. On sait que, du côté de Slano, un dixième du territoire ragusain

était consacré à la vigne.
Et que Pelješac fournit très tôt les meilleures bouteilles. Bien sûr, le rendement était faible tant la terre était pentue et rocailleuse. Mais au fil des siècles, les vignerons sont parvenus à terrasser leurs petits lopins. Le moût des grappes, foulées aux pieds, était conservé dans des barriques, parfois lavées à l'eau de mer.

En plein essor

Si la viticulture faisait partie du quotidien de nombreuses familles du littoral – comme en témoignent les pressoirs exposés au musée Rupe (p. 53), ainsi que les clichés de vendanges pris dans la région de Čilipi –, la taille des vignobles était trop modeste pour songer à exporter.
La consommation restait donc très locale. Du temps de Tito, les vignerons vinifiaient rarement leur propre récolte : ils devaient la remettre à la

coopérative qui produisait des vins de table plutôt basiques. C'est surtout depuis la fin des années 1980 que la part des vins de qualité a augmenté. Aujourd'hui, des vignerons indépendants s'attaquent sans complexe au marché haut de gamme. Ils continuent de vendanger à la main et en caissettes, mais sont désormais équipés de fûts en chêne et d'un système de contrôle des températures. Leurs dernières cuvées donnent déjà de belles couleurs à la viticulture dalmate.

Les rouges

Un nom à retenir ? Le plavac mali (« petit plavac ») ! C'est le cépage de la presqu'île de Pelješac, située à 60 km N.-0. de Dubrovnik. D'après les experts, il serait le fruit d'un croisement de deux variétés autochtones, le dobricić et le crljenak, et un proche parent du zinfandel américain. Quoi qu'il en soit, il entre dans la composition de nombreux crus tel le plavac, un vin de garde, d'un beau rubis, plein d'arômes (13°), qui a besoin de mûrir 2 à 4 ans et qui accompagne fort bien les viandes et les pâtes. Miljenko Grgić alias Mike Grgich, dont la cave de Napa Valley en Californie a assuré la célébrité, élève à Trstenik d'excellents vins, riches en bouche, élégants, aux senteurs de mûre, à partir d'un cépage de plavac. Un autre rouge de Pelješac fait parler de lui : le dingač, à la robe violet-pourpre et au bouquet très particulier, qui titre entre 13° et 14° d'alcool et se boit à une température de 18°. Il est issu d'une variété de plavac mali qui mûrit sur le versant sud de la presqu'île, à Dingač et Potomje.
Ces rouges charpentés et subtils, exportés aux États-Unis mais méconnus en France, sont si prometteurs que les œnologues n'hésitent pas à parler de Pelješac comme d'un futur eldorado du vin.

LES BLANCS

Généralement, les blancs dalmates ne laissent pas un souvenir impérissable aux palais français. Deux vins de l'île de Korčula, néanmoins, sortent du lot : le grk et le pošip. Le premier (prononcer « gueurk ») est produit, en quantité limitée, sur la terre rouge et sablonneuse de la côte est de l'île (Lumbarda, Bili Zal). C'est un délicieux vin frais, sec, bien équilibré (12° à 15°), à la couleur ambrée, que l'on boit avec les poissons et les fruits de mer. Tout aussi réputé, le pošip à la couleur jaune dorée, dont les arômes délicats évoquent la banane et la vanille, est élaboré à partir d'un raisin particulier que l'on ne trouve qu'à Čara et Smokvica.
Fruité, plaisant, il se marie fort bien avec des poissons grillés et des risottos. Température optimale : 10 °C.

Portrait de Marin Getaldić

L'Athènes slave

La situation géographique de la République de Raguse, aux confins des mondes ottoman, balkanique et italien, n'est sans doute pas étrangère au formidable épanouissement culturel qui lui valut le surnom d'« Athènes slave ». C'était en effet un phare de la pensée et de la recherche. Livres, savoirs et idées y transitaient. Des savants y étudiaient les marées ou le génie portuaire. D'autres, l'histoire turque. Petit *Who's Who* de ses hommes de lettres et de sciences les plus illustres.

Des latinistes croates…

Dès les débuts du XVIe s., Raguse a donné naissance à de nombreux écrivains humanistes qui étaient pour la plupart trilingues. Jakov Bunić et Ilija Crijević composaient oraisons funèbres et élégies amoureuses dans un latin raffiné. Pour ses dialogues néoplatoniciens, Nikola Vitov Gučetić (p. 83), membre de l'académie de Pérouse, fit le choix de l'italien. Dinko Ranjina, lui, versifiait en croate, tout comme Nikola Nalješković

ou Marin Drzić (1508-1567, p. 94), qui fut vice-chancelier de l'université de Sienne et connaît depuis les années 1950 un regain d'intérêt. L'originalité de ces auteurs tenait non seulement à leurs jeux linguistiques mais aussi à la variété de leur production : à côté des poésies satiriques, les Ragusains ont écrit moult drames champêtres et des *antiturcica,* un genre littéraire particulier qui avait pour thème obsessionnel… la menace ottomane.

… à Ivan Gundulić

Ce thème, on le retrouve au XVIIe s. sous la plume du poète catholique et fervent patriote Ivan Gundulić (1589-1638), l'un des rares Ragusains à avoir sa statue en ville et… le seul à figurer sur un billet de banque (50 kn). Après *Dubravka* (une ode à l'indépendance de Raguse), Gundulić s'est attelé à un long poème, *Osman,* qui évoquait la victoire de l'armée polonaise sur le sultan Osman II en 1621 mais que l'on peut lire comme une glorification de la solidarité slave et des bienfaits de la civilisation chrétienne sur le fanatisme des infidèles. Cette épopée était si peu diplomatique que le sénat, redoutant les foudres des Turcs, décida de ne pas la publier !

Ivan Gundulić

Du côté des sciences

… Il y a ce Vicko Dimitrije Volčić que les Italiens appellent Vincenzo di Demetrio Volcio (1563-1607) et qui était *majstor portulana,* « maître de portulans », autrement dit dessinateur de cartes marines sur vélin. Il a exercé ses talents à Naples puis à Livourne où il fonda la prestigieuse école de Cartographie nautique, la seule école qui se basait à la fois sur la rose des vents, les relevés à la boussole et les coordonnées géographiques. Il dressa la carte des côtes de l'Adriatique bien sûr, mais aussi de la mer Égée, de la mer Noire et de la Méditerranée. Vingt et un de ses précieux portulans sont aujourd'hui conservés au Vatican, à Helsinki, Florence, Cambridge, Madrid et… Paris (BNF).

Marin Getaldić

Autre figure célèbre, le géomètre Marin Getaldić (en latin Ghetaldus, 1568-1626). Il fit ses études en Italie et en Angleterre, enseigna à Louvain, rencontra Galilée et écrivit plusieurs essais dont le *De resolutione & compositione mathematica,* qui font de lui le pionnier, avant Descartes, de l'application de l'algèbre à la géométrie.

Vers la grotte de Betina…

En 1606, le sénat de Raguse l'envoya à Constantinople où il se pencha sur des traductions arabes de mathématiciens grecs. Si l'on en croit la légende, il aurait réussi, grâce au seul reflet d'un miroir parabolique de 2 m de large (installé en bas de chez lui, dans la grotte de Betina Špilja, p. 55), à incendier un navire qui passait au large. Son miroir, en tout cas, est conservé au National Maritime Museum de Greenwich.

RUĐER BOŠKOVIĆ (1711-1787)

Français d'adoption, Roger Boscovich était un vrai savant européen : éduqué par les Jésuites de Raguse, prof de maths à Rome, membre de la Royal Society de Londres, il fut administrateur de l'observatoire astronomique de Milan et nommé par Louis XV directeur de l'optique de la Marine royale. Dans son ouvrage publié à Vienne en 1758 *(Philosophiæ naturalis theoria),* il supposait l'existence de particules élémentaires – les atomes – régies par des champs de forces. Les marins lui doivent l'invention de la lunette achromatique et une notice abrégée de l'astronomie à l'usage de la navigation. Son portrait est conservé au palais des Recteurs. Et son cœur repose à la cathédrale.

Calices
et boucles d'or

On ne peut évoquer Dubrovnik sans parler de son artisanat le plus important : l'orfèvrerie. Les autres villes dalmates ont eu, elles aussi, une longue tradition en ce domaine mais l'habileté des *zlatari* de Raguse, du XIVe au XVIe s. surtout, était légendaire. Organisés en confrérie, assistés d'apprentis originaires d'Herzégovine ou du Monténégro, ils avaient de nombreux commanditaires : des ecclésiastiques, des patriciens…

Reliquaires

… mais aussi le gouvernement ragusain qui les chargeait de frapper la monnaie au palais Sponza (p. 46) et de ciseler les cadeaux destinés aux souverains de Buda, Vienne ou Constantinople. Avec l'argent extrait des mines de Bosnie et de Serbie, ils concevaient des ustensiles liturgiques qu'ils moulaient, travaillaient au repoussé et gravaient : des encensoirs façon « petits navires » *(navala-lađica),* des reliquaires en forme de bras, de jambe ou de calotte crânienne, perforés de manière à entrevoir les restes du martyr et décorés dans le goût gothique d'un rinceau de feuilles, de grappes de raisin ou de trèfles, avec le nom du saint inscrit en majuscules. Les maîtres de l'époque sont Pavao Dubrovčanin (Paul de Raguse), qui a aussi exercé ses talents à Naples à la cour d'Alphonse d'Aragon, et Ivan Progonović, dont on a conservé plusieurs calices et une croix de procession.

Un seul poinçon

Très tôt, l'État s'employa à contrôler la qualité

des métaux précieux. Une ordonnance de 1352 rappelle que les orfèvres, à Raguse, ne pouvaient incorporer plus d'une once de cuivre à quinze onces d'argent. Toute infraction était punie par trois coups de fouet, six mois d'emprisonnement et une exclusion définitive de la confrérie. Pour mieux surveiller leur activité, le sénat les cantonna tous dans la même rue, la « rue des orfèvres » (Zlatarska),

leur imposa de signer leurs créations de leur monogramme et de les estampiller du poinçon de la République : la tête de Blaise coiffé de sa mitre. Ce poinçon, en usage jusqu'à la Seconde Guerre mondiale, a peu évolué au fil des siècles : seule la mitre est devenue avec le temps un peu plus haute et plus étroite.

L'art du filigrane

Après le séisme de 1667, qui dévasta la Zlatarska, les orfèvres eurent le droit de s'établir dans d'autres rues de la ville. Ils continuèrent à produire en grande quantité – au prix d'une indéniable simplification du répertoire décoratif – des objets plutôt profanes : couverts, dagues, médailles et surtout des

bijoux… Bon nombre d'entre eux ont été perdus, vendus, fondus ou confisqués mais on sait, grâce aux testaments de l'époque, qu'ils étaient très variés : il y avait des boucles d'oreilles en forme de petites pommes *(jabucice)*, des colliers de grenats, des dents de loup serties en bague. Raguse est donc resté un foyer très actif. On y a recensé, pour le seul XVIIIe s., 360 orfèvres ! Citons parmi les plus connus Miho Glegj (MG), Petar Pecer (PP), Rafo Radelja (RR), Petar Sokolović (PS) et Ivan Vučićević (GV).

Depuis le XIXe siècle

Fidèles aux formes traditionnelles, les orfèvres de Dubrovnik n'ont pas été tentés, comme leurs confrères de Split, par l'esthétique de la Sécession viennoise. Ils ont préféré perpétuer l'art du filigrane à l'ancienne : ex-voto, pendentifs en argent pour les baptêmes, grènetis du costume traditionnel du Konavle… Au 2e étage du musée Rupe sont exposés de superbes *puceta od filigrana* – boutons en filigrane – décorés pour certains de la figure de saint Blaise ou de l'empereur François-Joseph, et divers modèles de boucles d'oreilles qui ont chacun un nom spécifique – *fjočice, gradaši, verižice*… – et font preuve d'une belle imagination.

LE MARCHÉ MÉDIÉVAL

Il se tient chaque année, la dernière semaine de juin, sur la place de l'église jésuite (Boškovićeva poljana). Son intérêt ? On y vend à des prix honnêtes de l'artisanat que vous ne trouverez nulle part ailleurs. Au choix : des cuirs cousus par Sumnal Gandi de Kumanovo, des poteries d'Igor Dobroslavić, des reliures en peau de chèvre, des bijoux en filigrane…, le tout sur fond de cracheurs de feu et de diseuses de bonne aventure.

Srednjovjekovna tržnica (B3) – Ouv. 9h30-14h et 19h-23h.

Le siècle des villas

Aux XVe et XVIe siècles, nobles, bourgeois et humanistes, fuyant le bruit et l'agitation de la ville, passaient l'été dans leur *ljetnikovac* – leur maison de campagne, entourée de vignes et d'orangers. Deux cents villas auraient ainsi vu le jour sur le territoire ragusain. Il en reste une poignée autour du port de Gruž, dans l'île de Šipan et le long de la côte adriatique, de Cavtat à Zaton.

Leurs points communs

Dès 1440, un Toscan dénommé Filippo de Diversis avait remarqué que ces villas semblaient « toutes construites avec le même matériau et par le même architecte ». Il est vrai qu'elles avaient en commun leur simplicité, le choix du site (généralement dicté par des questions de sécurité ou d'accès : il fallait pouvoir s'y rendre aisément en bateau) et leur disposition : la maison de maître, à un seul étage, était dotée d'une aile en retour d'équerre, constituée d'un rez-de-chaussée couvert d'une terrasse *(teracia)* comportant une chapelle et un pavillon *(pavijun)* d'où l'on pouvait scruter le paysage alentour – la mer, les îles, les vignes… À ce plan en *L*, qui répondait à la double fonction agricole et résidentielle de la villa, venaient s'ajouter une *lođa* ou loggia, parfois peinte de fresques (Sorkočević à Lapad), un moulin à huile, un pressoir à vin et une remise à bateau *(orsan)*.

Question de style

À quelques exceptions près (Getaldić en Šipan), les villas de la première moitié du XVIe s. ont toutes été bâties dans un style combinant gothique et Renaissance : l'aristocratie ragusaine était encore très attachée aux formules traditionnelles. Il faut attendre la seconde moitié du siècle pour voir de riches armateurs adopter les innovations que les sculpteurs florentins avaient introduites en ville quelques années plus tôt. Au début, le style renaissant n'a touché que l'encadrement des portes, cheminées et lavabos : ces derniers reçurent des décors dits « à la romaine » (à moulures peu marquées) ou « à la florentine », avec des chapiteaux à feuilles d'acanthe et des pilastres cannelés. La seule villa qui fut entièrement renaissante était celle d'un ami de Michel-Ange, l'archevêque poète et théologien Lodovico Beccadelli (Polje en Šipan). On la croirait toscane !

Entre travaux des champs...

Le littoral dalmate étant par nature sec et pentu, les propriétaires durent redoubler d'efforts pour réussir à aménager un jardin *(vrt)* à côté de leur logis. Il fallait le terrasser, le protéger des vents et des regards par un haut mur, parfois crénelé, et le doter de citernes pour assurer l'humidité nécessaire aux plantes – cédrats, cyprès... – souvent importées de l'Italie voisine, qui participaient à « l'idéal de vie à la campagne », à l'instar des nymphées, des fontaines ornées de mascarons et des pergolas *(odrina)*. Les pergolas, qui procuraient un peu de fraîcheur en été, reposaient sur des piliers en pierre, ronds ou hexagonaux, appelés *stup* (vous en verrez de fort beaux dans l'ancien parc Crijević-Pucić, p. 59). Ce sont elles qui constituent la grande originalité des jardins ragusains.

... et joies du plein air

Mais que faisait-on, au juste, dans ces belles et commodes demeures ? Tous les témoignages concordent : les plaisirs de la villégiature ne se limitaient pas au jardinage ou à la récolte des olives. La vie sociale y était très importante. On y invitait des amis – sages et cultivés de préférence – pour deviser des beautés de la nature. On y donnait des pièces en plein air et des concerts au salon : les musiciens jouaient depuis le *balatur,* une tribune spécialement aménagée à cet effet. Parfois, on emmenait ses hôtes pique-niquer dans une île.

TRSTENO

Il existe à 18 km à l'ouest de Dubrovnik, dans le hameau de Trsteno, un parfait exemple de la simplicité architecturale de ces villas dont les Vénitiens se moquaient tant *(Quattro stanze un salon/xe la casa d'un schiavon* – « quatre pièces et un salon : voilà bien la maison d'un Esclavon »). Il s'agit de l'ancienne propriété des Gucetić, transformée en arboretum. Elle est située à 50 m au-dessus de la mer et peut se visiter tous les jours. Allez-y : la vue est à tomber !

Voir incontournable p. 83
Arboretum Trsteno (H6)
Bus Libertas n° 21 arrêt Trsteno
☎ 020 751 019
T. l. j. 8h-15h (sept.-avr.), 7h-19h (mai-oct.)
Accès payant.

Les îles du sud

Il y a de cela bien longtemps – quelque douze mille ans peut-être – la planète se réchauffa, les glaciers se mirent à fondre et le niveau de l'Adriatique monta de 96 m. En s'engouffrant dans les replis du littoral, la mer transforma les vallées en détroits *(kanali)* et les collines en îles *(otoci)*. Des îles allongées, toutes parallèles au rivage et toutes orientées nord-ouest sud-est, qui offrent un paysage surprenant, fait d'échancrures et de récifs…

Un relief en dents de scie

Ainsi Korčula, Mljet, Šipan et toutes les autres îles de la Dalmatie méridionale qui émergent aujourd'hui des flots faisaient-elles partie intégrante de la terre ferme. La roche est d'ailleurs la même : calcaire et dolomitique, râpeuse et hachée. On comprend que leurs criques aient longtemps servi de refuge aux pirates et de mouillage aux marchands vénitiens qui faisaient route vers la mer Égée. Balayées l'hiver par le vent du nord *(bura)*, elles souffrent, l'été, d'un problème d'approvisionnement en eau. La végétation n'en est pas moins généreuse : chaque île du sud est un jardin.

Des senteurs de résine

Lokrum, qui compte à elle seule quatre cents espèces végétales, se distingue par l'association naturelle du chêne vert et du frêne à fleurs et quelques plantes rares, tel l'arbre de Jupiter aux feuilles argentées et duveteuses. À Lopud, les simples – sauge, menthe, romarin… – que l'on cueillait jadis pour la

pharmacie des Franciscains de Raguse voisinent avec l'euphorbe *(drvenasta mlječika)* et une variété locale de cyclamen *(ciklama)*. À Šipan, le figuier et l'amandier alternent avec le caroubier et le mandarinier. Korčula, elle aussi, décline les nuances de la flore méditerranéenne : les Vénitiens, qui avaient pourtant grand besoin d'arbres pour leur construction navale, ont épargné ses cyprès et ses pins noirs. De toutes les îles, la plus boisée (72 % !) reste Mljet, même si ses forêts séculaires ont souffert des incendies de 1917 et 1964.

Lézards et papillons

Jusqu'en 1910, Mljet était infestée de serpents venimeux. Par chance, un baron autrichien dénommé Schilling eut la bonne idée de lâcher dans l'île des couples de mangoustes grises des Indes (ces petits mammifères sont connus pour exterminer les reptiles). Résultat : on n'y croise plus que d'inoffensifs hannetons vert doré, des papillons jaunes qui butinent la lavande et une poignée de sangliers.
Les seuls reptiles, à Lopud comme à Lokrum, sont le lézard vert des Balkans, très timide, et le gecko verruqueux qui aime bien se faufiler dans les maisons. Nombreux sont les oiseaux qui prennent ici leurs quartiers d'hiver : à Lokrum, on a recensé 156 espèces, du faucon pèlerin à la tourterelle à collier.

Les fonds sous-marins

Sous l'eau, la diversité est plus extraordinaire encore : on trouve dans les anciennes

vallées une profusion d'algues et de poissons, des gorgones et des coraux qui firent le bonheur du commandant Cousteau ! Un bateau jaune à fond vitré, baptisé *glass boat*, organise au départ du vieux port de Dubrovnik des sorties diurnes et nocturnes à la découverte du monde du silence (p. 37). Certains sites, accessibles aux plongeurs, sont particulièrement attractifs : les grottes du cap Ključ (Korčula) ; la grotte d'Ulysse, le cap Lenga et l'îlot Glavat (Mljet) ; l'île Mrkan et le gisement d'amphores de Cavtat. Les plus confirmés pourront explorer l'épave du torpilleur allemand *S-57*, coulé en 1944 au large de Pelješac, et celle du *Taranto*, habité par de gros mérous. Les débutants qui nagent en PMT – palmes, masque et tuba – opteront plutôt pour les Élaphites.

LA PLONGÉE

Vous rêvez de faire vos premiers pas sous l'eau ? Plusieurs clubs de plongée organisent des baptêmes dans le grand bleu en compagnie d'un moniteur professionnel. Tarifs : 100 kn le permis, obligatoire, valable un an ; 180 kn la plongée encadrée ; 150 kn la location de l'équipement.
Quelques adresses de clubs **à Dubrovnik** :
Navis (plage de Copacabana, ☎ 098 919 7402) et **Abyss** (hôtel Dubrovnik President, ☎ 098 765 685, www.dubrovnikdiving.eu) ; **à Cavtat** : **Diving & Watersport Center** (plage de l'hôtel Croatia ☎ 098 756 289, www.divingcentercavtat.hr) et **Epidaurum** (Šetalište Žal 31, ☎ 020 471 386, www.epidaurum.com).

Visiter mode d'emploi

Se déplacer

En bus

Pour vous rendre au port de Gruž ou à la baie de Lapad, qui sont assez éloignés du centre, vous devrez prendre l'une des 9 lignes de bus de la compagnie Libertas qui circulent de 5h45 à 23h. La plupart ont pour terminus le terre-plein situé devant la porte de Pile. Les lignes 5, 6 et 7 desservent les hôtels de Babin Kuk ; les lignes 1 et 3 relient la vieille ville à Gruž. Prix du billet : 10 kn si vous l'achetez au chauffeur (faites l'appoint !), 8 kn si vous l'achetez au kiosque à journaux ou au guichet Libertas (il y en a un à la gare routière et un autre à Pile, ouv. lun.-ven. 7h-20h, sam. 7h-13h). La vieille ville, elle, ne se parcourt qu'à pied.

Libertas :
☎ 020 357 020
www.libertasdubrovnik.hr.

En scooter

Dubrovnik n'est pas la ville idéale pour s'adonner aux joies du vélo : il n'y a pas de pistes cyclables, les côtes sont raides et les escaliers nombreux. Une solution de repli ? Le vélomoteur ! C'est très pratique pour se balader entre Sv. Jakov et Babin Kuk. Tarif : 165 kn/jour, taxes (22 %) non comprises, kilométrage illimité, assurances incluses.

Location de scooters :
Brabel
Iva Vojnovića 75
☎ 091 142 4444 ou 020 424 444
www.brabel.hr.

En bateau

La ville a deux ports : le vieux port (Stara Luka) pour les petits bateaux, et le nouveau port (Gruž) pour les gros navires, ferries et hydroglisseurs à destination des îles (voir p. 38-39). Depuis 2006, la compagnie Nova Shuttle assure une liaison « hotel line » entre les deux ports, avec escale aux hôtels Lapad et President.

AVERTISSEMENT

Les prix indiqués dans ce guide sont susceptibles de changer à tout moment. À Dubrovnik en effet, ils ont tendance à gonfler à l'approche de la saison touristique. Par ailleurs, la hausse des prix en Croatie n'est pas encore tout à fait stabilisée (d'après les experts économistes, il faut s'attendre à une inflation annuelle de 2,8 % environ).

SE REPÉRER

Les maisons ne sont pas toutes numérotées, loin s'en faut, mais la vieille ville a été bâtie selon un plan si régulier que vous n'aurez aucune peine à retrouver votre chemin ! Pour info : la rue Placa s'appelle aussi Stradun (p. 44), la Dr. Ante Starčevića porte également le nom Branitelja Dubrovnika ; la Put Republike n'est rien d'autre que la Vukovarska. Grâce aux repères qui vous sont indiqués, vous retrouverez chacune des balades du chapitre Visiter sur la carte générale insérée à la fin du guide. Attention : les balades 11 à 15 vous entraîneront en dehors de la ville.

Départ de Gruž à 8h45.
Départ du vieux port à 18h10.
Prix : 60 kn
Infos : ☎ 020 313 599.

Bien se garer

Il existe un parking gratuit, généralement complet, près du parc Gradac (p. 57, accès par la rue Don Frane Bulića) et quelques parkings payants au pied du rempart nord, à proximité de la Vrata od Buže (p. 48) notamment, mais les places sont très rares ! Ils ont été répartis en trois zones :

- la zone 1, qui comprend les axes Frana Supila, Kralja Petra Krešimira et Zagrebačka, est payante du lun. au sam. de 7h à 21h ;
- la zone 2, aux abords de l'obala Stjepana Radića, est payante lun.-sam. 6h-15h ;
- la zone 3, qui couvre la Dr. Ante Starčevića, est payante lun.-sam. 7h-16h.

Le tarif est le même dans les trois zones : 10 kn l'heure de stationnement (le ticket s'achète au kiosque à journaux).
Une autre solution consiste à se garer sur le grand parking du port de Gruž (Gruška obala 1, ouv. 24h/24) et à rallier Pile en bus. C'est plus avantageux et plus écologique !

Fourrière *(pauk služba)* :
Liechtensteinov put
☎ 020 331 226
T. l. j. 24h/24.

Les taxis

On peut les commander par téléphone ou les attendre sagement à la station *(stanica)*. Il existe une station à Pile (Brsalje, ☎ 020 424 343), à Ploče (Frana Supila, ☎ 020 416 158), à Lapad (juste en face de la poste, (☎ 020 435 715) et à Gruž (devant les bureaux de la Jadrolinija, ☎ 020 418 112). Dans tous les cas de figure, ils sont chers : pour une course entre Babin Kuk et Pile, comptez 60 kn.
Tarifs en vigueur : 25 kn de prise en charge, 8 kn le kilomètre, 80 kn l'heure d'attente. Notez que l'on ne marchande pas le prix de la course – tous les taxis sont équipés d'un compteur – et qu'il est d'usage de laisser au chauffeur un pourboire.
Radio taxi Dubrovnik : ☎ (020) 970.

Comment téléphoner ?

Pour appeler Dubrovnik depuis la France, il suffit de composer le ☎ 00385 20 (s'il s'agit d'un poste fixe) suivi du numéro du correspondant. Pour appeler la France depuis Dubrovnik : le ☎ 0033 suivi du numéro sans le numéro initial.
Pour appeler depuis Dubrovnik une autre ville de la région – Cavtat, par exemple –, il est inutile de composer l'indicatif régional (☎ 020). Pour appeler une ville croate située en dehors de la région de Dubrovnik, il faut composer l'indicatif de la ville au complet, y compris le 0 initial (par ex. : 01 pour Zagreb, 021 pour Split...). Vous pouvez bien sûr téléphoner de votre chambre d'hôtel, mais le prix des communications est fortement majoré. Il est plus avantageux d'appeler depuis

une cabine publique avec une carte *(telefonska kartica)*, en vente au prix de 30, 50, 100 ou 500 kn à la poste et dans la plupart des kiosques à journaux. Les grands bavards auront tout intérêt à passer leurs coups de fil depuis un bureau de poste ou depuis le Call Shop Hugo (Prijeko 13, ☎ 020 322 069). Les opérateurs de téléphonie mobile T-Mobile HR et Vipnet couvrent à eux deux 98 % du territoire. La réception est relativement bonne, tant dans les parcs nationaux que dans les îles.

Renseignements :
☎ 988 (nos de tél. croates)
☎ 902 (nos internationaux)
www.tportal.hr/imenik.

Votre courrier

On trouve des timbres *(marke)* dans les kiosques à journaux et les bureaux de poste *(postanški ured* ou *HPT)*. Ceux-ci sont généralement ouverts du lun. au ven. de 8h à 15h. Levée du courrier à 14h. En saison, la poste de la vieille ville, située au n° 8 de la rue Široka (☎ 020 323 427), est ouverte du lun. au ven. de 7h30 à 21h, le sam. de 10h à 17h. Tarif du courrier par avion *(zrakoplovom)* : 3,50 kn à destination de l'Union européenne, 5 kn pour les États-Unis. Au tarif ordinaire, l'acheminement peut être très lent (une dizaine de jours). Pour les plis urgentissimes :

DHL :
Put Frana Supila 12
☎ 020 353 272.

Internet

Si l'ordinateur de votre hôtel lambine ou fonctionne mal, tentez votre chance dans un Internet club ! Il y en a un à Pile (Dubrovnik Internet Centar, Branitelja Dubrovnika 21, t. l. j. 8h-22h) et deux dans la vieille ville : au n° 3 de la Boškovićeva (Black Jack, ☎ 020 322 158, ouv. 9h-23h) et au n° 21 de la Prijeko (Netcafé, ☎ 020 321 025, t. l. j. 9h-23h). Comptez 7 kn les 15 min, 30 kn l'heure de connexion.

Où changer de l'argent ?

Vous pouvez changer vos devises dans les banques – du type OTP Banka, Zagrebačka Banka ou Privredna Banka Zagreb – ouvertes, en été, du lun. au ven. de 8h à 20h, le sam. de 8h à 12h. En dehors de ces heures d'ouverture, il vous faudra recourir aux services d'un bureau de change *(mjenjačnica)*, dans un hôtel ou une agence de voyages par exemple, mais compte tenu des taux pratiqués, il est préférable de retirer des kuna, avec votre carte bancaire, à un distributeur *(bankomat)*. À condition toutefois de limiter le nombre des retraits, votre banque prélevant pour chaque opération une commission

fixe (3 €) et des frais proportionnels au montant retiré (env. 2,50 %). Conservez vos bordereaux de change jusqu'à la fin de votre séjour !

Informations touristiques

L'office de tourisme de la ville de Dubrovnik (Turistička Zajednica Grada Dubrovnika), qui siège au n° 1/2 de la Cvijete Zuzorić, ne reçoit pas de visiteurs mais répond à toutes vos questions (☎ 020 323 887 ou 889, Ⓕ 020 323 725, info@tzdubrovnik.hr). Il dispose de quatre comptoirs d'information qui vous accueilleront tous les jours, de 8h à 20h. Ces antennes sont situées : dans la vieille ville (à l'angle de Placa et Od Sigurate, ☎ 020 321 561), à Pile (Branitelja Dubrovnika 7, ☎ 020 427 591), à Gruž (Obala Stjepana Radića 27, ☎ 020 417 983) et à Lapad (Šetalište Kralja Zvonimira 25, ☎ 020 437 460). Vous y trouverez des plans de la ville, des adresses de chambres chez l'habitant et des renseignements sur les différentes manifestations culturelles. Pour toute réservation (excursion, mini-croisière, etc.), contactez plutôt une agence de voyages.

« Les Anges croates »
Central téléphonique d'infos touristiques : ☎ 062 999 999, d'avril à oct., t. l. j. 9h-17h (jusqu'à minuit en juil.-août).

Musées

De Pâques à fin septembre, la plupart des musées de Dubrovnik sont ouverts tous les jours de 9h à 18h. Hors saison, ils ont tendance à fermer leurs portes dès 14h et à faire relâche le dimanche ou le lundi. Le billet d'entrée varie entre 15 kn (couvent dominicain) et 35 kn (palais des Recteurs, Musée maritime, Musée ethnographique, etc.). Les tarifs sont réduits pour les enfants et les étudiants.

Visites guidées

Dès les beaux jours, l'Association des guides touristiques de Dubrovnik (Društvo turističkih vodiča Dubrovnik) propose des promenades commentées à travers la ville. De son côté, Dubrovnik Walks organise deux visites d'une durée de 1h30 sur les thèmes « vieille ville » (mar., mer., ven., sam. à 10h et 16h30) et « défense de Raguse » (mar., jeu., sam. à 12h). Il n'est pas nécessaire de réserver : il suffit de se présenter devant le night-club Fuego près de la porte de Pile. Participation : 95 kn (175 kn les 2).

Association des guides :
Gundulićeva poljana 9
☎ 020 323 608,
Lun.-ven. 10h-12h.

Dubrovnik Walks :
☎ 095 806 4526
info@dubrovnikwalks.com

Autres suggestions pour sortir des sentiers battus ou vérifier si l'Adriatique, au pied des remparts, est aussi bleue qu'on le dit : la sortie « fonds sous-marins » en *glass boat* (p. 33 ; départs du vieux port à 11h, 12h30, 14h, 16h, 21h, 22h, 23h, ☎ 098 243 264)

ADRESSES UTILES

Ambassades (Zagreb)
- France : Hebrangova 2
☎ 01 489 3600
- Belgique : Pantovčak 125 b1
☎ 01 457 8901
- Suisse : Bogovićeva 3
☎ 01 487 8800

Urgences (Dubrovnik)
- Commissariat :
☎ 020 443 333
- Hôpital général :
☎ 020 431 777
- Pharmacies :
☎ 020 321 133 (Placa)
☎ 020 418 990 (Gruž)
- Police :
☎ 92
- Police maritime :
☎ 020 443 555
- Police routière :
☎ 020 418 727
- Pompiers :
☎ 93
- Samu :
☎ 94
- Secours en mer :
☎ 9155
- Secours routier :
☎ 987.

et la promenade accompagnée en kayak, nettement plus sportive (255 kn la demi-journée).
Adriatic Kayak Tours
Zrinsko Frankopanska 6 ou Put Frana Supila (Banje)
☎ 020 312 770
ou ☎ 091 722 0413,
ww.kayakcroatia.com.

Visiter le sud de la Dalmatie

Pique-nique en mer ou journée dans les îles ? Les agences de voyages locales sont des pros de l'excursion organisée. Leur programme est alléchant et elles s'occupent de tout. Les meilleures du moment ?

Elite Travel
Vukovarska 17
☎ 020 358 200
www.elite.hr
Atlas
Sv. Đurđa
☎ 020 442574
www.atlas-croatia.com)
Gulliver
Obala Stjepana Radića 32
☎ 020 313 300
www.gulliver.hr.

Vous préférez voler de vos propres ailes ? Voici quelques infos pour vous aider à trouver le bon bateau…

Et une adresse utile, celle de la compagnie maritime **Jadrolinija à Gruž :**
Obala Stjepana Radića 40
☎ 020 418 000
Lun.-ven. 8h-20h,
sam. 8h-16h30 et 19h-20h,
dim. 8h-14h30 et 19h-20h30 (23h en juil.-août).

Lokrum

• Comment y aller ?
C'est ultrasimple : il suffit d'aller au vieux port. Par beau temps, un service régulier de bateaux – toutes les demi-heures en été – le relie en 15 min à l'île de Lokrum (anse de Portoč).
Premier départ : 9h30, dernier retour : 18h, 18h30 ou 19h.
Le billet (35 kn l'aller-retour) s'achète sur le môle et donne accès à l'île, classée réserve naturelle. Notez qu'il est interdit d'y fumer, d'y faire du feu et d'y passer la nuit.

• Adresse utile
Réserve de Lokrum
Šumski rezervat Lokrum
☎ 020 427 242
rezervat-lokrum@du.t-com.hr

Cavtat

• Comment y aller ?
– En bateau :
le *Karuzo* (☎ 098 344 543) relie 5 ou 6 fois par jour en 50 min le vieux port de Dubrovnik à celui de Cavtat.
Prix : 50 kn.
– Par la route :
le bus Libertas n° 10 assure toutes les heures la liaison entre Dubrovnik (angle Zagrebačka/Petra Krešimira) et Cavtat. Premier départ à 5h15, dernier retour à minuit. Durée du trajet : 30 min.

• Adresse utile
Office du tourisme :
Tiha
☎ 020 478 025
www.tzcavtat-konavle.hr.

Les Élaphites

• Comment y aller ?
– En bateau :
le *Postira* dessert les trois îles au départ du port de Gruž. Départs lun.-sam. à 10h, 13h30 ou 14h, 16h ou 16h15 et 20h ; dim. et jours fériés à 9h30 et 20h30. Prix d'un aller Gruž-Lopud : 16 kn (en vente à l'agence Jadrolinija).
T. l. j., à 15h, un ferry de la Jadrolinija quitte Gruž pour Šipan (arrivée à Suđurađ à 15h50).
En été, Nova shuttle (☎ 020 313 599, www.nova-dubrovnik.com) assure plusieurs liaisons quotidiennes entre Gruž – ou le vieux port – et les Élaphites.
Prix : de 60 à 80 kn.
– Notez que le bus Libertas qui fait la navette entre Suđurađ et Šipanska Luka (de 7h

L'ARRIÈRE-PAYS

Vous avez opté pour une balade dans le Konavle ? Soyez prudent(e) ! L'arrière-pays dubrovnikois a été très affecté – bien plus que les îles – par la guerre de 1991-1992 et il reste, çà et là, quelques champs de mines antipersonnel et antichar, signalés par des écriteaux. Il est recommandé de ne pas s'écarter des routes principales ou des chemins balisés, de ne pas pique-niquer à l'intérieur ou à proximité d'une maison abandonnée. Des cinq zones à risque (Ston, Dubrovačko primorje, Župa Dubrovačka...), la plus contaminée reste le Konavle, à la frontière monténégrine. État des lieux complet et actualisé sur www.hcr.hr

à 17h15 ; trajet : 10 min) n'opère pas le dimanche.

• Adresses utiles

– Office du tourisme de Lopud :
Obala I. Kuljevana 12
☎ 020 759 086
Sam.-jeu. 8h-13h et 17h-19h.
– Office du tourisme de Šipanska Luka :
☎ 020 758 084
Lun.-ven. 8h-12h et 17h-20h.
– Agence Jadrolinija (Lopud) :
☎ 020 418 000, ouv. 20 min avant le départ du bateau.

Mljet

• Comment y aller ?

– En hydroglisseur : le *Nona Ana* relie Gruž à Polače en 1h30 (2h20 le sam., car il fait escale dans les Élaphites). Départ de Gruž à 9h, départ de Polače à 18h20 (horaires d'été). Billet : 75 kn, en vente auprès d'Atlantagent (Obala Stjepana Radića 26, ☎ 020 313 355 ou 313 366, www.alpex.hr).
Par ailleurs, un ferry de la Jadrolinija quitte t. l. j. à 15h, Gruž pour Sobra (arrivée à 17h15 ; départ de Sobra à 7h30).
La Jadrolinija assure également la liaison entre Korčula et Sobra et entre Prapratno (presqu'île de Pelješac, accessible en voiture) et Sobra.
En été, un bus relie Sobra à Pomena via Polače.

• Adresses utiles

– Office de tourisme de Goveđari :
☎ 020 744 086
tz-mjesta@du.htnet.hr.
– Agence Jadrolinija :
Port de Sobra
☎ 020 746 134.
– Location de voitures et de scooters :
Brum à Sobra, Pomena et Polače, ☎ 020 745 260 (à partir de 200 kn/jour).
– Location de VTT :
Radulj Tours à Pomena devant l'hôtel Odisej, ☎ 098 176 7048 (100 kn/jour).

Korčula

• Comment y aller ?

– En hydroglisseur : t. l. j., de 5h20 à 23h20, la compagnie Mediteranska Plovidba assure pour les piétons 14 rotations entre Orebić – sur la presqu'île de Pelješac, accessible depuis Dubrovnik par voiture ou bus et le quai ouest de Korčula (prix de la traversée : 12 kn ; ☎ 020 711 155, www.medplov.hr).
– En ferry : les lun. et jeu., la Jadrolinija relie Dubrovnik à Korčula (départ de Gruž à 9h, arrivée au quai est de Korčula à 12h15 ; départ du quai ouest de Korčula à 13h, arrivée à Gruž à 16h15).
Attention : le terminal du ferry (voitures) en provenance d'Orebić se situe à Dominče, 3 km à l'est de la vieille ville.

• Adresses utiles

– Office de tourisme de Korčula :
Obala dr. Franje Tuđmana
☎ 020 715 701
t-info@korcula.net
Ouv. 8h-15h et 17h-21h.
– Agence Jadrolinija :
Plokata 19 travnja 1921
☎ 020 715 410.
– Location de voitures :
CroRent
☎ 020 711 908
www.korcula-rent.com.
– Location de vélos :
près de l'Hotel Park
☎ 020 726 473.
– Taxi :
Ilišković, ☎ 091 571 43 55.

RAPPEL

Aucun transport en commun ne circule dans la vieille ville de Dubrovnik : elle est strictement piétonne. C'est pourquoi vous ne trouverez pas mention d'un numéro de ligne de bus dans les adresses situées intra-muros. Mais rassurez-vous : les bus 1, 3, 4, 5, 6, 8, 9 ont tous un arrêt proche des remparts ! Côté Pile ou côté Ploče.

Visiter Dubrovnik
et ses incontournables

Pour faciliter votre découverte de la Dalmatie méridionale, nous vous proposons 14 balades à Dubrovnik et dans les îles ainsi qu'une escapade au Monténégro, toutes illustrées par une carte. Si vous disposez de peu de temps, voici une sélection de 10 incontournables, à ne manquer sous aucun prétexte. Ils sont tous évoqués au fil du guide et vous les retrouverez aussi de manière plus détaillée, sous forme de fiches, à la fin du chapitre Visiter.

Nacionalni park Mljet

Un grand parc, doté d'une forêt, de deux lacs et d'une petite île, où trônent une église et son couvent, bijoux de l'architecture romane.

Voir Visite n° 13, p. 69 et Incontournable p. 76.

Katedrala sv. Marka

Lions, sirènes, éléphants… Tels sont les animaux qui ornent la façade de la cathédrale. Ne manquez pas non plus, à l'intérieur, le retable du Tintoret.

Voir Visite n° 14, p. 71 et Incontournable p. 77.

Boka Kotorska

À l'orée du Monténégro, un paysage digne des fjords norvégiens, pour ce site inscrit au Patrimoine mondial de l'Unesco.

Voir Visite n° 15, p. 74 et Incontournable p. 78.

Pomorski muzej

Dans ce Musée maritime, vous trouverez une mine de documents insolites, des cartes marines, et même la maquette d'un bateau pirate ! À l'abordage !

Voir Visite n° 1, p. 43 et Incontournable p. 79.

Palača Sponza

Ce palais du XVIe s. est remarquable non seulement par le style composite de son

architecture, mais également par le mémorial et les archives historiques qu'il abrite.

Voir Visite n° 3, p. 46 et Incontournable p. 80.

Dominikanski samostan

Le plus ancien des couvents de Dubrovnik ne manque pas d'intérêt : une riche bibliothèque, un musée séduisant et… un crucifix de dimensions spectaculaires !

Voir Visite n° 4, p. 49 et Incontournable p. 81.

Franjevački samostan

La recette de l'élixir de longévité, des chapiteaux romans ornés de dragons, une pharmacie, une pietà : que de trésors dans ce monastère !

Voir Visite n° 2, p. 44 et Incontournable p. 82.

Arboretum Trsteno

Non content d'être le plus ancien jardin de Croatie, où poussent arbres centenaires, citronniers, romarin, vigne… Trsteno offre de somptueux points de vue.

Voir Découvrir p. 31 et Incontournable p. 83.

Knežev dvor

L'architecture originale du palais des Recteurs cache un intérieur tout aussi intéressant. Cachots, tableaux, tapisseries : vous n'aurez que l'embarras du choix !

Voir Visite n° 5, p. 50 et Incontournable p. 84.

Katedrala

Ne vous bornez pas à en admirer la façade : à l'intérieur, l'*Assomption* de Titien, un cabinet renfermant calices et reliquaires…

Voir Visite n° 5, p. 51 et Incontournable p. 85.

1

Voir plan détachable
A3-4/B3-4

Le tour des remparts

Ah, les balades sur le chemin de ronde… ! Par beau temps, c'est « la merveille de Dubrovnik, son instrument de charme inépuisable », pour reprendre les mots de l'écrivain Jules Romains qui recommandait de le parcourir deux fois par jour : « Une fois le matin de bonne heure pour que le soleil ne soit pas encore trop vif, et une fois dans l'heure qui précède le crépuscule. » C'est aussi la meilleure clé qui soit pour cerner la ville !

On vous conseille d'emporter une bouteille d'eau – le café du bastion Sv. Spasitelj a une fâcheuse tendance à forcer sur les prix – et d'effectuer le tour dans le sens contraire aux aiguilles d'une montre. Durée du parcours : 1h30 à 2h. Poussettes et sacs à dos déconseillés.

❶ Ulaz u Gradske zidine

T. l. j. 9h-18h (en hiver, 10h-15h)
Accès payant.

Retenez ces mots – ils signifient « accès aux remparts » – et conservez votre billet ! Vous serez amené(e) à le présenter aux deux autres points d'accès possibles, situés près de la chapelle Saint-Luc (Sv. Dominika) et du Musée maritime (Od Pustijerne).

❷ Tvrđava Bokar*

Premier tronçon : le rempart ouest qui jouxte le quartier de Pile. De là, vous aurez une fort jolie vue sur le Stradun – la longue artère qui traverse la vieille ville d'ouest en est (p. 44) – et sur la grande fontaine Onofrio (p. 52). Pour protéger ce pan de muraille et la porte de Pile, Michelozzo conçut en 1461 une tour d'artillerie en position avancée, le fort Bokar, doté de plusieurs casemates superposées. Le nom du fort qui se dresse juste en face ? Lovrijenac (p. 56).

❸ Entre Bokar et Sv. Ivan★★

Le rempart sud – c'est notre préféré – est moins épais (de 1,5 m à 3 m) et plus sinueux : il épouse les contours très découpés du rivage. Érigé à l'aplomb des rochers, il vous offrira un lent travelling sur la mer et les vieux quartiers de Kaštio et Pustijerna (p. 51) : ici, un couvent désaffecté ; là, un jardinet à l'abandon… Chemin faisant, vous découvrirez la partie supérieure de la façade de l'église Saint-Ignace (p. 53) et les ruines qu'a laissées le séisme de 1979.

❹ Tvrđava Sv. Ivana★★

Vient ensuite, au sud-est, l'une des fortifications les plus importantes de Dubrovnik : le fort Saint-Jean, constitué depuis 1557 (architecte : Paskoje Miličević) d'une tour semi-circulaire précédée d'un bastion pentagonal. De la terrasse supérieure, le regard embrasse le vieux port, avec le brise-lames Kaše (p. 47) et surtout la face nord de l'île de Lokrum (p. 60). Les étages inférieurs du fort sont occupés par l'aquarium (p. 47) et l'excellent Musée maritime…

❺ Pomorski muzej★★★

Voir incontournable p. 79
Kneza Damjana Jude 12
☎ 020 323 904
T. l. j. 9h-18h (en hiver, 9h-14h)
Accès payant.

… excellent parce qu'il illustre à merveille, au moyen de cartes marines, documents et maquettes, l'histoire de la navigation sur la côte orientale de l'Adriatique, de la fin de l'Antiquité à 1808 (1er étage), mais aussi aux XIXe et XXe s. (2e étage). En sortant, vous serez incollable sur les différents types d'embarcations, les routes du commerce maritime et les premières « lignes postales à vapeur »…

❻ De Sv. Ivan à Sv. Luka★

Troisième tronçon : le mur est qui sépare la ville du port et vous promet une belle vue sur le fort Revelin et le quartier de Ploče (p. 54). Ici, une halte s'impose devant la tour de l'horloge – deux bonshommes verts, les Zelenci, y martèlent les heures depuis le XVe s. – et devant la tour Saint-Luc (Kula Sv. Luke) qui servit longtemps de dépôt de grains. Chaque soir, pour barrer le port aux navires ennemis, on accrochait une chaîne entre cette tour et le fort Saint-Jean.

❼ TVRĐAVA MINČETA★★

Côté terre, le rempart est épais de 4 à 6 m et haut de 22 m. Le chemin de ronde se fait donc plus… raide. Gravissez-le à votre rythme ! Vous n'aurez pas trop de tout votre souffle pour rallier le point culminant de l'enceinte : le fort Minčeta. Bâti en moins de deux ans et demi avec l'aide de tous les Ragusains, suivant les plans de Michelozzo (1461) et Juraj Dalmatinac, il vous réserve une vue de rêve qui devrait vous récompenser de vos efforts : la vieille ville tout entière, avec son patchwork de tuiles et de clochers.

2

Stradun
ou Placa ?

À l'origine, Ragusium, la cité latine, était une île : un bras de mer peu profond la séparait de la terre ferme où se trouvait Dubrava, la colonie slave. Au XIIe s., on rattacha les deux rives en traçant à l'emplacement du canal une rue désignée tantôt sous le nom officiel de Placa (prononcer *Platsa)* tantôt sous celui, plus commun, de Stradun (prononcer *Stradoun)*. Voilà, vous savez tout ! Il ne vous reste plus qu'à glisser sur son beau tapis de marbre…

❶ Franjevački samostan★★★

Voir incontournable p. 82
Placa 2
☎ 020 321 410
T. l. j. 9h-17h
Accès payant.

Le couvent que les Franciscains édifièrent en 1309 dans la vieille ville n'a pas entièrement disparu lors du séisme de 1667, loin de là : il lui reste une pharmacie (l'une des plus anciennes d'Europe), un Saint Blaise peint par un maître de l'école de Raguse, quelques précieux livres et *last but not least* un cloître, l'un des plus beaux de Dalmatie. Entre bougainvillées, lauriers-roses et citronniers.

❷ Moje Tezoro★★

Između polača 13
☎ 020 323 523
Lun.-ven. 9h-12h et 18h-21h, sam. 9h-13h.

« Mon trésor » est le meilleur antiquaire de Dubrovnik et une aubaine pour les amateurs de tableaux anciens : ils y trouveront de charmants paysages d'Anastasije Popović et d'authentiques icônes arrivées sur la côte dalmate vers 1917 avec la vague d'immigration russe. Ah oui, j'oubliais :

en ce moment, Nera Njirić a également en réserve deux anges à la grâce émouvante qui proviennent du nord de la Croatie.

❸ Srpska pravoslavna crkva★

Od Puča 10
☎ 020 323 283
Lun.-ven. 9h-14h.

Des icônes, vous en verrez aussi à l'intérieur de l'église orthodoxe édifiée en style néobyzantin vers 1870 pour la communauté serbe – aujourd'hui très… réduite – et dans le petit musée attenant (Od Puča 8, lun.-sam. 9h-13h, accès payant) : originaires de Crète, des bouches de Kotor ou d'Herzégovine, ces icônes, souvent touchantes par leur naïveté, datent pour la plupart des XVe-XVIIe s. L'iconostase est l'œuvre du Grec Nikola Aspiotis.

❹ Sinagoga★★

Žudioska ulica 5
☎ 020 321 028
Lun.-ven. 9h-13h
Accès payant.

La communauté juive, établie à Raguse dès la fin du XIIIe s., fut confinée de 1546 à 1808 dans un ghetto de dix-neuf maisons créé autour de l'actuelle rue Žudioska. Victime de la terreur oustachie (1941) et nazie (1943), elle ne compte plus qu'une trentaine de personnes mais conserve encore sa synagogue baroque et de très anciens rouleaux de la Torah, rapportés par des Sépharades expulsés d'Espagne en 1492. Dans le musée, superbe *parokhet* – rideau destiné à cacher les portes de l'arche – en velours brodé du XIXe s.

❺ Dubrava★

Placa, entre Žudioska et Kovačka
☎ 020 321 229
T. l. j. 8h-minuit.

Le Dubrava – à ne pas confondre avec le Dubravka (p. 97) – est le dernier bistro du Stradun quand on vient de la porte de Pile… et le premier que l'on croise quand on débarque du vieux port. Et comme sa terrasse offre une vue quasi circulaire sur la Luža (la place de l'église Saint-Blaise), autant dire que l'endroit est propice aux échanges et au mélange des genres. Bières locales et sandwichs jusqu'à 23h.

❼ Orlandov stup★

Cette statue, œuvre de Bonino de Milan (1418), fut jusqu'en 1808 le symbole de la liberté de la ville. C'est ici que le crieur public annonçait les décrets. La tradition veut que l'homme armé d'un glaive et d'un bouclier soit Roland, le preux chevalier de Charlemagne, qui aurait trouvé le temps, avant de mourir à Roncevaux, de libérer Raguse des pirates

sarrasins… Bon, on nage en plein mythe mais ce n'est pas grave ! Jetez un œil, à côté, sur la petite fontaine d'Onofrio, construite la même année que la grande (p. 52).

❻ CRKVA SV. VLAHA★★

Ne se dirait-on pas à Venise ? Normal : l'église Saint-Blaise, si baroque, a été bâtie sur le modèle d'une église de Venise – San Maurizio – par un architecte… vénitien, Marino Groppelli (1715). Ses plus beaux décors ? l'orgue à panneaux peints et la statue en argent doré du saint patron (il tient dans la main gauche une maquette de la ville telle qu'elle se présentait avant le séisme de 1667).

Luža 3 – ☎ 020 323 462
Visite possible en dehors des messes (t. l. j. 8h et 12h).

3

Voir plan détachable
B3-4

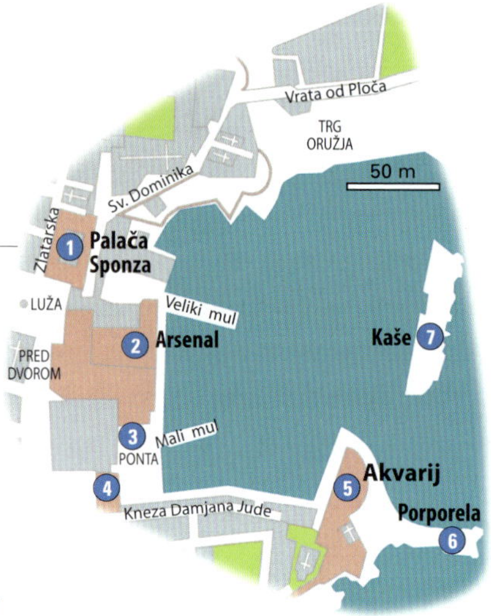

Stara Luka, le vieux port

À le voir ainsi, coincé entre le fort Saint-Jean et le fort Revelin, on a peine à croire qu'un port aussi petit ait pu donner naissance à une flotte aussi puissante. Et pourtant, c'est bien lui : le vieux port où s'affairaient, du temps de la République de Raguse, les charpentiers de marine et les officiers des galères. Aujourd'hui, vous y croiserez surtout des bataillons d'excursionnistes en partance pour Lokrum mais il a encore bien du cachet !

❶ Palača Sponza★★★

Voir incontournable p. 80.

Difficile de le rater : le palais Sponza – qui abrite le mémorial des Dubrovnikois morts en 1991-1992 et, au 1er étage, les archives de la ville – conclut en beauté le Stradun ! Jadis, il accueillait derrière sa superbe façade gothico-Renaissance les bureaux de la Monnaie et ceux de l'administration des Douanes : toutes les marchandises qui débarquaient du port y étaient donc pesées, mesurées et... taxées.

❷ Arsenal★

Vous voyez les trois arches qui font face au port ? C'est un vestige de l'arsenal, autrefois très actif, de Raguse. Elles ont été bâties en 1386 puis agrandies au fil des siècles pour permettre aux caraques et autres gros navires de s'abriter à l'intérieur et d'y décharger leur cargaison. Chaque fois que la sûreté du bâtiment était menacée, on murait les arches. À la place de l'arsenal, démantelé en 1863, on trouve

désormais un bar à vins (p. 95). Et sur le quai, des aquarellistes et des vendeuses de napperons…

❸ Lokanda Peskarija★★

Na Ponti
☎ 020 324 750
T. l. j. 8h-minuit.

Des calmars grillés, des moules servies dans des caquelons de fonte ? Pas de doute : vous êtes bien en Dalmatie et cette *lokanda* dont la terrasse ne désemplit pas – on fait même la queue, le soir, pour y décrocher une table – met tout le monde au régime de la marée du jour avec des portions copieuses et

des prix raisonnables (45 kn le risotto au noir de seiche alias *crni rižot*). Service rapide et affable.

❹ Ribarnica★

T. l. j. 6h-13h…

… mais en réalité, les heures d'ouverture du *ribarnica* – le « marché aux poissons » qui se tient juste à côté de la Porte du Port – varient selon la météo. Parfois, c'est en fin de journée que les ménagères viennent palper le rouget sous le regard attentif des chats du quartier. S'il vous prend l'envie de faire un court-bouillon dans la kitchenette de votre appartement de location, sachez que : 1°) c'est ultrafrais ; 2°) bar s dit *lubin*, colin *oslić*, maquereau *skuša*, moules *dagnje*, morue *bakalar*, mulet *mrena* et seiche *lignje*.

❺ Akvarij★

☎ 020 323 978
Lun.-sam. 9h-19h
(13h en hiver)
Accès payant.

On est bien d'accord : l'aquarium aménagé au rez-de-chaussée du fort Saint-Jean n'est pas vraiment renversant et il y a un je-ne-sais-quoi de triste dans ses sombres réservoirs… Cela dit, vos enfants – surtout, s'ils sont déjà accros à la plongée sous-marine – y trouveront peut-être de l'intérêt ! En vitrine : des rascasses noires *(škrpun)*, des cigales de mer *(baba)* et des oursins violets *(ružičasti ježinac)* dont les jolis piquants blancs mesurent 2 cm de long…

❻ Porporela★★★

Dernier arrêt : la jetée construite derrière le fort Saint-Jean. On ne saurait dire si les Autrichiens, en la construisant, se doutaient qu'elle aurait autant de succès. En tout cas, elle plaît par tous les temps : les romeneurs s'y arrêtent pour profiter des derniers rayons de soleil face à Lokrum ; aux beaux jours, les *vaterpolisti* (p. 59) s'y entraînent. Lorsqu'il vente, on joue à éviter les gerbes d'écume, qui survolent les bancs verts. Et la nuit venue, les amoureux se donnent rendez-vous *ispod crvenoga ferala* – « sous le phare rouge ».

❼ KAŠE★

L'entrée du vieux port est barrée par un brise-lames – ce qui, en soi, n'a rien de très original – sauf que celui-ci a résisté à tous les séismes, tempêtes et guerres depuis… 1484 ! Il est constitué d'énormes blocs de pierre – le plus gros pèse 32 tonnes – chaînés de fer et de plomb et liés par un mortier qu'on a laissé sécher onze ans sous un coffrage en bois (*cassetta*, d'où « Kaše »). Ce chef-d'œuvre du génie civil a été conçu par Paskoje Miličević, l'ingénieur chargé de la protection du port de Raguse à la fin du XVe s.

4

Du côté de Prijeko

Et maintenant, zoom sur le quartier nord de la vieille ville ! Prijeko – l'axe principal où les tavernes ont fleuri comme champignons à l'automne – dessert un réseau de venelles qui s'étagent entre le Stradun et le rempart. Elles sont si « hautes en couleur », avec leurs balcons et leurs pots de plantes vertes, qu'elles mériteraient qu'on les arpente toutes. La plus photogénique ? La Nalješkovićeva peut-être. À moins que ce ne soit la Dropčeva ? Difficile de trancher : on vous laisse juge !

❶ Vrata od Buže*

Les noctambules qui ont réussi à garer leur voiture au pied du rempart nord la connaissent bien : la « Vrata od Buže », percée en 1908, leur permet d'accéder directement aux bars du coin. C'est aussi la porte idéale pour prendre un peu de hauteur : en empruntant la rue Peline qui longe la muraille, vous aurez une belle vue d'ensemble du quartier.

❷ Crkvica Sigurata*

Od Sigurate 13.

Tout le charme de la vieille ville tient à de menus détails… bien cachés pour certains. C'est le cas de l'église lilliputienne de la Transfiguration et du mini-couvent attenant. Leur courette n'est-elle pas attachante ? Ici, une corde à sonner la cloche, là des pierres tombales ornées d'enclumes (la Sigurata était l'église de la corporation des forgerons). À côté, un musée, de poche lui aussi, conserve quelques peintures et de nombreux objets liturgiques (Zbirka samostana Sigurate, ouv. sur demande ☎ 020 321 467).

❸ Prijeko★

On peut regretter qu'autant de restaus aient envahi la rue Prijeko : non seulement ils sont loin d'être bons mais leurs auvents ont tendance à masquer la belle homogénéité des maisons qui ont toutes été bâties, ici, par des capitaines ou des négociants aisés : un corps étroit, de 3 ou 4 étages avec un cellier ou une échoppe au rez-de-chaussée, et une décoration extérieure très sobre. Pour vous faire une idée de ce qu'était l'architecture privée intra-muros à la fin du XVe s., attardez-vous sur les nos 24, 23 et 20 (le palais Isusović-Branchi, entre Nalješkovićeva et Antuninska).

❹ Antunini★

Prijeko 30
☎ 020 321 199
T. l. j. 11h-23h.
Il y a tout de même un restaurant qui tire son épingle du jeu : l'Antunini où la famille Rudenjak, depuis 1929, rassasie touristes et Dalmates avec des plats de fruits de mer et de poissons. Les cuissons sont correctes et les tarifs honnêtes : 50 kn le caquelon de moules, 80 kn le risotto au noir de seiche. Le petit plus ? La salle rouge à l'étage, au décor douillettement bourgeois.

❺ Medusa★

Prijeko 18
☎ 020 322 004
T. l. j. 9h-22h.
Ce n'est pas, loin s'en faut, la seule boutique de souvenirs du quartier : dans les ruelles qui relient Prijeko au Stradun, vous trouverez des broderies, de la dentelle, du corail... Mais celle-ci vend deux articles qui sortent un peu de l'ordinaire : des éponges naturelles pêchées par la famille Jurić dans les eaux de Krapanj (un îlot près de Šibenik) et des *licitar*, cœurs rouges en massepain que les soupirants, autrefois, offraient à leur belle. Ah, le vieux style... !

❻ Crkva Sv. Nikole★★

Une charmante façade, ajourée d'un oculus et surmontée d'un clocher, se dresse au fond de la rue, juste à l'angle de la Zlatarska, « la rue des orfèvres ». Elle date de la fin de la Renaissance mais l'église à laquelle elle appartient – Saint-Nicolas – remonte à une époque bien plus ancienne, comme en témoigne la nef unique longitudinale à coupole (c'est l'une des caractéristiques des églises paléocroates – autrement dit préromanes – de la Dalmatie méridionale).

❼ DOMINIKANSKI SAMOSTAN★★★

La clou de la promenade ? Le monastère dominicain ! C'est l'un des musts de Dubrovnik : le cloître, avec ses palmiers et sa suite d'arcades du gothique tardif, est un poème à lui tout seul ; l'église conserve un précieux crucifix du maître Paolo Veneziano ainsi qu'un tableau de Vlaho Bukovac (*Le Miracle de saint Dominique,* sur le 1er autel g.). Quant au musée installé dans la salle capitulaire, il recèle deux chefs-d'œuvre de l'école de Raguse : on ne vous dit que ça !

Voir incontournable p. 81
Ul. Sv. Dominika 4 – T. l. j. 9h-17h – Accès payant.

5

Voir plan détachable
B4

Autour de la cathédrale

À chaque quartier sa spécialité. Celui de Pustijerna, situé dans la partie sud-est de la vieille ville, à proximité immédiate du palais des Recteurs et de la cathédrale, est le plus aristocratique. Et sans doute celui qui raconte le mieux la splendeur passée de Raguse. Raison de plus pour y flâner le plus longtemps possible ! Au menu : armoiries, heurtoirs, nobles portraits et chaises à porteurs.

❶ Knežev dvor★★★

Voir incontournable p. 84
☎ 020 321 422
T. l. j. 9h-18h
Accès payant.

Ce palais où résidait, jusqu'en 1808, le recteur *(knežev)* de Raguse était le centre du pouvoir politique de la République (il abritait le tribunal, la chancellerie, le dépôt d'armes, les cachots…) mais n'a rien d'austère pour autant : les chapiteaux du portique sont finement sculptés, l'atrium ne manque pas d'élégance et les appartements du recteur, au 1er étage, sont une longue suite de meubles rococo et tableaux vénitiens.

❷ Wondershop★

Pred Dvorom
☎ 020 324 726
T. l. j. 10-20h.

Vous aurez sans doute remarqué qu'en dehors de Lobel (Od Domina 1) qui distribue la ligne Fendi Casa, il n'y a pas de boutiques d'aménagement intérieur à Dubrovnik. Wondershop n'en est pas une à proprement parler mais vous y dégoterez peut-être une petite idée pour votre déco. En ce moment, ils ont surtout des lampes et coussins importés de Turquie, des éventails en plumes de paon et des vues de Raguse peintes à la main sur parchemin par Lana Vego (190 kn). À mettre sous verre ?

❸ Gundulićeva poljana★★

Voici la place la plus animée de la vieille ville ! Son agenda est hyperbooké : elle fait marché tous les matins, café-restaurant le reste de la journée, scène de théâtre pendant le festival d'Été… Et tout cela sous le regard de la statue d'Ivan Gundulić, grande gloire de la littérature croate, dont le socle est orné de bas-reliefs mettant en scène les épisodes-clés de son ouvrage le plus célèbre, *Osman*. Le bel escalier, au fond de la place, conduit à Saint-Ignace (p. 53).

❹ Katedrala★★★

Voir incontournable p. 85
Visite possible en dehors des messes (t. l. j. 7h30 et 18h).

Au lendemain du séisme de 1667, l'humaniste Stjepan Gradić, qui était recteur de la bibliothèque du Vatican, réussit à récolter des fonds pour reconstruire la cathédrale de Raguse d'après les plans – baroques – d'un architecte d'Urbino, Andrea Buffalini. À voir à l'intérieur : une *Assomption de la Vierge* signée Titien (derrière le maître-autel) et une avalanche de reliquaires des XIe-XIVe s. en argent doré et émaillé (ils sont conservés dans le trésor).

❺ Bandureva★★

Dans le quartier de Pustijerna, le parcellaire était moins dense qu'autour de Prijeko (p. 49). C'est ce qui a permis d'édifier ici, au XVIe s., les demeures les plus importantes du patriciat ragusain. Ces palais ont beaucoup souffert du séisme de 1979. Il leur reste néanmoins de jolis portails et des écus armoriés. Vous en verrez aux nos 3 et 4 de la rue Bandureva où vivaient les nobles familles Bunić, Kaboga…

❻ Braće Andrijića 10★★

Autre exemple de palais ragusain : celui que les frères Andrijić – les fameux tailleurs de pierre de Korčula – ont édifié pour les Ranjina dont le nom italien signifie… « araignée », comme le rappellent leurs armoiries. Les Andrijić ont également pris part à la décoration (1550) de la résidence urbaine de Tomo Stjepović-Skočibuha, sise à deux pas de là, au n° 1 de la Restićeva : au rez-de-chaussée de ce palais, aujourd'hui à l'abandon, se trouvait le magasin où Tomo entreposait… 40 000 litres d'huile en provenance des oliveraies familiales de l'île de Šipan (p. 66-67).

❼ ISPOD MIRA★★

Vous marchez au pied du mur ? Vous avez un avantage sur ceux qui déambulent au sommet du rempart : vous pouvez vous approcher de l'eau ! Ici, en effet, on a percé des « trous » dans la muraille. Il y en a un au n° 5 (Vrata Sv. Stjepana) qui donne accès à une plagette avec escaliers. Il y en a un autre un peu plus loin – suivez la pancarte Cold drinks – qui vous déposera devant une buvette toute simple où l'on sert, face à l'Adriatique, du jus de griottes et du malvoisie au verre (Buža, ouv. t. l. j. 10h-20h quand le temps le permet). Pour les contemplatifs…

6

Voir plan détachable
A3-4

De Saint-Sauveur
à Saint-Ignace

Deux bonnes raisons de vous offrir une incursion dans le quartier sud-ouest ? C'est le plus ancien de la vieille ville – la zone autour d'Od Kaštela était déjà habitée au haut Moyen Âge – et c'est le moins touristique ! Bien sûr, il y aura encore des escaliers à monter et à descendre. Bien sûr, vous n'y ferez pas un shopping d'enfer, mais le jeu en vaut la chandelle. Surtout si vous prenez le temps de le quadriller, entre l'ancien couvent Sainte-Marie et le couvent Sainte-Catherine (l'actuelle école de Musique).

❶ Crkva Sv. Spasa★★

Placa.
Pour remercier le Ciel d'avoir épargné leur ville du séisme de 1520, les Ragusains firent bâtir, juste à gauche du monastère des Franciscains, une petite église votive : Saint-Sauveur. Son maître d'œuvre ? Petar Andrijić de Korčula (p. 71). À moins que ce ne soit Bartolomeo de Mestre ! Une chose est sûre en tout cas : sa façade, qui rappelle assez celle de la cathédrale de Šibenik, est particulièrement harmonieuse.

❷ Velika Onofrijeva česma★

Poljana Paška Miličevića.
C'est à l'architecte du palais des Recteurs, l'infatigable

Onofrio di Giordano, que l'on doit cette imposante fontaine (1444). Le Napolitain, qui s'y connaissait en hydraulique, avait réussi à alimenter Raguse en eau, en captant une source située à 12 km de là et en l'acheminant par un aqueduc. La fontaine a perdu son second étage dans le séisme de 1667 mais elle a conservé ses seize mascarons.

❸ Samostan Sv. Klare★

Poljana Paška Miličevića 1.
On le sait peu mais, autrefois, la ville comptait à elle seule

huit couvents de femmes ! Celui de Sainte-Claire, dont Napoléon fit fermer les portes en 1808, n'admettait que les jeunes filles de la noblesse et les enfants abandonnés. Les bâtiments sont encore assez bien préservés, même si le cloître est désormais « squatté » par un restaurant de fruits de mer (Jadran-Đerek, ☎ 020 323 405, t. l. j. 12h-23h).

❹ Ramande★

Marina Getaldića 12
☎ 020 324 735
T. l. j. 9h-21h.

De toutes les échoppes qui ont ouvert dans le quartier, Ramande est peut-être la plus discrète et la plus originale. Sa spécialité ? Le parfum, pour hommes et femmes,

qu'elle vend au millilitre. De *Magie noire* à *Pur Poison* en passant par *Organza* ou *Vol de Nuit,* tous les flacons alignés sur les étagères sont munis d'un robinet : il vous suffit de choisir la quantité désirée. Le prix ? 37 kn les 15 ml, 125 kn les 50 ml.

❺ Dom Marina Držića★

Široka 7
☎ 020 323 242
T. l. j. 9h-18h
(9h-14h hors saison)
Accès payant.

C'était la maison de Marin Držić. Comme il n'y a pas grand-chose à voir à l'intérieur, sa visite ne vous apprendra rien sur le plus illustre des dramaturges ragusains. Sachez tout de même 1°) qu'entre 1548 et 1558, Držić a écrit une dizaine de comédies en prose et de drames champêtres, inspirés de pièces antiques mais truffés de détails réalistes et amusants, qui ont généralement pour cadre Dubrovnik ; 2°) que le festival d'Été met chaque année en scène son œuvre maîtresse, *Dundo Maroje* (« *L'Oncle Maroje* », 1551).

❻ Etnografski muzej Rupe★★

Od Rupa 3
☎ 020 323 013
T. l. j. 9h-18h
(9h-14h hors saison)
Accès payant.

Le musée Rupe, qui intéressera surtout les amateurs d'ethno régionale, occupe un ancien grenier à blé construit en 42 ans (1548-1590) par un maçon des Pouilles : on y voit encore les « puits » où l'on entreposait les céréales que les Ragusains, faute d'un arrière-pays suffisamment fertile, devaient se procurer en Albanie ou dans le sud de l'Italie. Les 1er et 2e étages évoquent le mode

de vie traditionnel en Dalmatie méridionale : la récolte du raisin, le pressage des olives, la pêche, les pratiques vestimentaires... Instructif !

❼ CRKVA SV. IGNACIJA★★★

Ne la boudez pas ! Cette église, que les Jésuites dédièrent à saint Ignace de Loyola, fondateur de l'ordre, fleure bon le baroque romain. Il est vrai qu'elle a été édifiée, après le séisme de 1667, suivant les plans d'un peintre et architecte qui a longtemps travaillé à Rome : Andrea Pozzo. L'abside est décorée de fresques qui rappellent Sant' Ignazio de Rome. Quant à l'escalier dessiné par le Sicilien Pietro Passalacqua (1738), on dirait celui de la Trinité-des-Monts !

Poljana Ruđera Boškovića.

7

Ploče
au soleil couchant

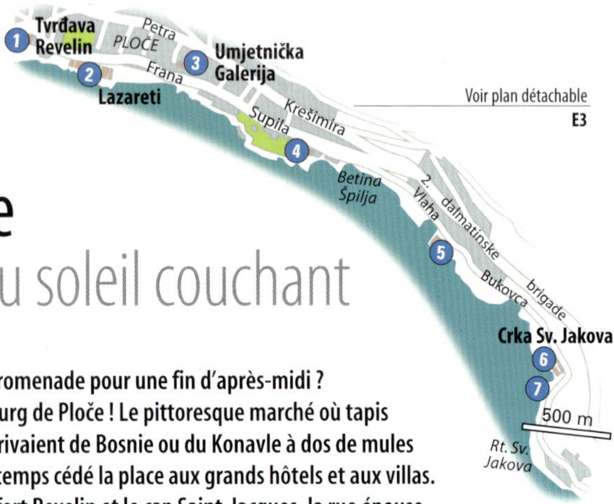

Voir plan détachable
E3

Une idée de promenade pour une fin d'après-midi ? Visez le faubourg de Ploče ! Le pittoresque marché où tapis et légumes arrivaient de Bosnie ou du Konavle à dos de mules a depuis longtemps cédé la place aux grands hôtels et aux villas. Mais entre le fort Revelin et le cap Saint-Jacques, la rue épouse toujours la côte pour vous montrer Dubrovnik sous son jour le plus romantique.

❶ Tvrđava Revelin★★

Commençons par le « fort Revelin » : ce robuste ouvrage défensif, qui constitue un endroit idéal pour contempler le vieux port (p. 46-47), fut édifié vers 1540, en onze ans à peine, à la demande du sénat de Raguse qui redoutait l'avancée des Turcs (ils occupaient déjà la Bosnie). L'architecte ? Un ingénieur militaire de Bergame, Antonio Ferramolino.

❷ Lazareti★★

Frana Supila 10.

Après la peste noire de 1348, le gouvernement décida de mettre en place un « cordon sanitaire » autour de Raguse destiné à empêcher la propagation des maladies contagieuses. Voyageurs et denrées (en provenance de l'Empire ottoman notamment) étaient donc soumis à quarantaine, dans des lazarets, d'abord à Cavtat, Mrkan, Mljet et Dančе puis, à partir de 1590, à Ploče, dans un complexe doté de deux accès, maritime et terrestre.

Les bâtiments, avec leurs cours, existent toujours mais ont été convertis en atelier, galerie d'art, night-club (Karantena)...

❸ Umjetnička Galerija★★

Frana Supila 23
☎ 020 426 590 ou 421 210
Mar.-dim. 10h-19h
Accès payant.

Ne vous contentez pas de grimper à la terrasse pour admirer la vue sur Lokrum ! Même s'il a peu de moyens, le musée d'Art moderne de Dubrovnik, installé dans la maison néo-Renaissance (1939) de l'armateur Božo Banac, est très actif : on y a déjà exposé la collection de Francesca de Habsbourg ainsi que les œuvres des plasticiens croates présents à la 51e biennale de Venise. Et il possède au 3e étage un lot important de tableaux signés Vlaho Bukovac (p. 22). Quelques coups de cœur parmi les autres artistes du début du XXe s. ? Marko Rašica *(Vue de Lokrum,* 1903), Miroslav Kraljević *(Nature morte avec pastèque,* 1912)...

❹ Ulica Vlaha Bukovca★★

Voici la rue la plus charmante de Ploče ! Elle a d'aimables jardins et de fort coquettes villas. À commencer par celle du n° 2 : la Shéhérazade à coupole turquoise, une folie construite en 1929 par un architecte viennois pour un banquier estonien. Vient ensuite la maisonnette du mathématicien Marin Getaldić qui avait installé un miroir parabolique dans la grotte en contrebas (Betina Špilja, p. 27).

Et si vous ouvrez bien vos yeux, vous trouverez face au n° 5 un miniparc public dont l'escalier donne accès à une crique bleu lagon...

❺ Villa Dubrovnik★★

Vlaha Bukovca 6
☎ 020 422 933.

Rien de tel qu'une petite halte au bar de la Villa Dubrovnik (p. 89) pour reprendre haleine à mi-chemin entre l'hôtel Argentina et le cap Saint-Jacques : il y a là un balcon avec des banquettes en simili osier et des tables basses où l'on vous servira du thé glacé, du rizling au verre ou un sandwich à la crème d'avocat et tartare de saumon. La vue sur la mer et l'île de Lokrum est divine, cela va sans dire !

❻ Crkva Sv. Jakova★★

Vlaha Bukovca 14.

Autre lieu propice à la contemplation : l'église Saint-Jacques de Višnjica et son monastère attenant, fondé en 1222 par les Bénédictins. Avant de partir à Constantinople apporter au sultan le tribut *(harač)* et les présents de Raguse, les émissaires de la République ou *poklisari* y faisaient, traditionnellement, une retraite de trois jours. Le poète Ignjat Đurđević y vécut plus de quatre ans, le compositeur polonais Ludomir Rogowski (1881-1954) près de vingt-huit ans !

❼ SVETI JAKOV★★

Il faut dire que l'endroit a de quoi séduire : des cyprès à flanc de falaise, des couchers de soleil à tomber et une vue panoramique sur Dubrovnik... Pour profiter de cette vue (qui faisait aussi l'intérêt de l'hôtel voisin, le Belvedere, détruit en 1991), contournez l'église et empruntez le 1er escalier à droite : en 163 marches, il vous conduira à Sveti Jakov, une plage délicieuse, surtout en fin de journée.

8

Voir plan détachable
D2-3

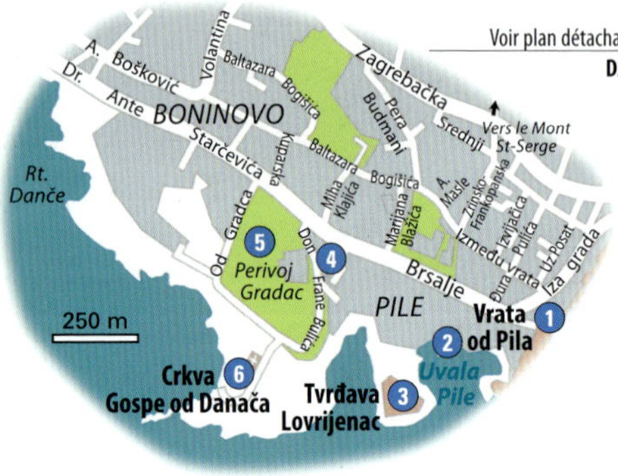

Pile, côté mer

À voir l'animation qui règne sur le terre-plein de Brsalje, entre le café Dubravka et l'hôtel Imperial, on pourrait croire que Pile n'est qu'un vaste chassé-croisé de taxis et de bus. La plupart, il est vrai, ont là leur terminus mais il suffit de faire quelques pas côté mer pour prendre goût à ce quartier. Ses meilleurs arguments ? Le fort Lovrijenac, l'église de Danče et le Perivoj Gradac – le parc le plus séduisant de Dubrovnik.

❶ Vrata od Pila★

Point de départ : la porte de Pile (du grec *pylê* qui signifie « porte »). Cette tour semi-cylindrique de 1537, ornée d'une statue de saint Blaise, constitue l'entrée principale de la vieille ville, côté ouest. Elle est précédée d'un pont-levis que l'on relevait chaque soir après un cérémonial particulier. Les clefs de la porte étaient solennellement remises au recteur qui les conservait, pendant la nuit, dans un coffret d'ivoire (p. 14).

❷ Uvala Pile★

Au XIXe s., Pile était un faubourg quasi « industriel » : autour de cette crique bien abritée, qui fut le tout premier port de Raguse, on trouvait une fabrique de savon, des tanneurs, des ateliers qui teignaient la laine… Aujourd'hui, seuls les pêcheurs ont encore quelques barques au pied de l'église Saint-Georges (Sv. Đurđa ; à l'intérieur, tableau de Blaž Jurjev, daté de 1421).

❸ Tvrđava Lovrijenac★★★

9h-18h30
Accès payant.

De la crique, un escalier permet d'accéder au piton rocheux sur lequel est juché le fort Lovrijenac (en français, Saint-Laurent). La fameuse devise qui surmonte la porte d'entrée – *non bene pro toto libertas venditur auro,* « la liberté ne se vend pas pour

tout l'or du monde » – n'est plus guère lisible mais la vue est toujours aussi imprenable. Petit détail technique : les murs mesurent 12 m d'épaisseur côté nord et ouest, mais... 0,60 m seulement côté ville ! Ce n'est pas une erreur du maçon : les Ragusains, toujours prévoyants, voulaient pouvoir, d'un coup de canon, abattre rapidement leur fort au cas où celui-ci serait tombé dans des mains ennemies.

❹ Tovjerna Sesame★★

Dante Alighierija
☎ 020 412 910
www.sesame.hr
T. l. j. 8h-minuit.

Un petit creux ? Suivez les étudiants de l'institut de Management ! Ils vont tous prendre leur café chez Sesame, le restau que la famille Ercegović tient depuis 1880. Non seulement, on peut y grignoter à toute heure de bonnes salades et du poulet aux olives mais le décor est sympa : chromos de Dalmates en costumes, photos jaunies du tram de Gruž... Il y a même, accroché au mur, un Monopoly spécial « Dubrovnik » qui date du temps où l'on pouvait acheter le Stradun pour... 400 dinars.

❺ Perivoj Gradac★★

Accès libre.

Prochaine étape : le parc « autrichien » aménagé sur la falaise, où l'on a déjà donné, durant le festival d'Été (p. 129), *Iphigénie* de Goethe. Vous pouvez y accéder par la rue Don Frane Bulića ou, mieux, par le chemin Od Gradca qui longe l'ancienne résidence d'été des Crijević-Pucić (Dr. Ante Starčevića 29), actuel siège de l'Orchestre symphonique de Dubrovnik. De là, en effet, la surprise est plus grande et la vue sur l'Adriatique plus... plongeante.

❻ Crkva Gospe od Danača★★★

Don Frane Bulića 8
Ouv. sur r.-v. :
☎ 020 414 098.

L'église Notre-Dame de Danče, qui se dresse face à la mer, entre un adorable cimetière et un couvent où les sœurs ont l'habitude de sonner les cloches au passage des navires, renferme deux chefs-d'œuvre de l'école de Raguse (p. 20). Si elle est ouverte, regardez attentivement le polyptyque de Nikola Božidarević, sur l'autel gauche, qui représente la Vierge à l'Enfant entre le pape Grégoire le Grand et saint Martin partageant son manteau avec un mendiant : le visage qui se reflète dans l'épée du saint n'est pas celui du mendiant mais... un portrait du peintre !

LE MONT SAINT-SERGE

Du Brdo Srđ (mont Saint-Serge, 412 m d'altitude), on contrôle tout Dubrovnik ! Les Turcs l'avaient bien compris : en 1476, ils avaient ouvert là une douane pour percevoir une taxe de 5 % sur l'entrée et la sortie des marchandises. Les troupes napoléoniennes aussi : en 1812, elles ont bâti au sommet le Fort impérial. L'idéal, bien sûr, serait d'y monter pour admirer le paysage : par temps clair, le panorama est renversant. Hélas, le chemin qui grimpe en 2 h au sommet est fastidieux. On vous conseille d'attendre la réouverture du téléphérique, détruit en 1991.

9

Voir plan détachable
A1/B1

Balade à Lapad

Les quartiers de Gruž et Lapad, situés à l'ouest du vieux Dubrovnik, étaient certes plus « romantiques » du temps où ils étaient moins urbanisés mais les maisons de plaisance que les patriciens de Raguse avaient fait bâtir sur leurs berges n'ont pas totalement disparu du paysage. Et la presqu'île de Babin Kuk vous réserve encore de bien jolies promenades en bordure de mer.

❶ Luka Gruž★★

Première étape : le port de Gruž, d'où partent les bateaux pour les îles Élaphites et les ferries de la Jadrolinija. Ne quittez pas le quai Obala Stjepana Radića sans avoir jeté un œil à travers la grille du n° 16, juste à côté du marché aux poissons : vous pourrez y apercevoir le jardin de la villa Gundulić avec ses citronniers. Et juste en face, sur le quai opposé (Lapadska obala) : la très discrète villa Sorkočević.

❷ Roba kuća Minčeta★

Nikole Tesle 2
Lun.-sam. 8h30-20h30.

Il ne faut pas toujours se fier aux apparences : ce bâtiment cache, derrière sa façade informelle, une galerie marchande flambant neuve ! Le 1er étage surtout accueille une brochette de boutiques qui font la part belle aux chaussures (La Strada) et à la mode (Concept, Lantea…). Notre préféré ? Momentum pour son prêt-à-porter décontracté et moyen budget mais de bon ton griffé Navigare, Bugatti ou Taifun.

❸ Lapadska obala★★

C'est sur ce quai que se trouve l'une des plus belles villas de la région, la villa Sorkočević (p. 30) que vous ne verrez pas bien, hélas, faute du recul suffisant. Pas plus que le n° 7 (qui accueille la faculté d'Économie de l'université de Dubrovnik) ou le n° 27 (on entrevoit juste, à travers la grille, l'allée avec les piliers). En revanche, de ce côté-ci du port, on distingue nettement l'élégante villa Gundulić qui se trouve sur le quai opposé : les merlons du mur d'enceinte ne masquent ni la chapelle ni la maison de maître (XVIe s.).

❹ Šetalište kralja Zvonimira★

L'urbaniste dubrovnikois Milan Karlovac vient de

relooker la rue qui relie le port de Gruž à la baie de Sumratin. Résultat : la promenade du roi Zvonimir est devenue en quelque sorte le « Stradun » de Lapad. On y déambule à toute heure du jour, un cornet de glace à la main, entre fontaines et cafés. Ces derniers, cela dit, finissent par se ressembler tous, avec leurs balancelles. Il est donc difficile d'en conseiller un plutôt qu'un autre mais les coussins du bar Van, au n° 40, ont des motifs sympas, presque « ethno »…

❺ Šetalište Nika i Meda Pucića★★

Vous en avez fini avec les balancelles ? Direction : la pointe de Babin Kuk ! Arrivé(e) à la plage de Sumratin, vous emprunterez le chemin qui passe au pied de l'hôtel Kompas et longe la mer en ménageant à travers les branches de larges vues sur les plages de l'autre rive. De ce côté-ci, il n'existe pas de plage à proprement parler – c'est un sentier très simple avec juste quelques cactus dans la rocaille – mais les baigneurs trouveront (face aux n°s 6, 7a, 14, par ex.) des escaliers qui leur permettront de descendre nager dans une eau d'un bleu émeraude.

❻ Levanat★

Šetalište Nika i Meda Pucića 15
☎ 020 435 352
T. l. j. 8h-minuit.

Juste des cactus dans la rocaille ? Pas tout à fait : sur le chemin qui mène à l'hôtel Neptun, on trouve aussi le Levanat, un restaurant idylliquement situé face à la mer et aux îlots Grebeni, qui sert en terrasse de bons plats traditionnels de la Dalmatie, des lasagnes vertes à la baudroie (50 kn) et des crevettes au miel et à la sauge (65 kn). C'est frais, bien préparé, un petit peu cher mais plutôt agréable. Si vous voulez y dîner, pensez à réserver !

VATERPOLO

Vous l'aurez peut-être déjà constaté si vous vous êtes promené(e) du côté de la jetée de Porporela (p. 47) : à Dubrovnik, le sport le plus populaire est le water-polo (en croate, *vaterpolo*). Il existe plusieurs clubs locaux mais le plus célèbre est le mythique VK Jug – Vaterpolski Klub Jug – fondé en 1923, qui dispute très régulièrement, à 18h, des matchs à la piscine de Gruž (Gradski bazen, Put Republike 11 – plan C2, ☎ 020 357 282). Si vous êtes dans les parages à ce moment-là, essayez d'y assister : c'est spectaculaire !

Voir plan détachable
E4

10

navette bateau depuis le port de l'hôtel

Sous les pins de Lokrum

Vous aimez les sentiers bucoliques, l'odeur du chêne vert et la baignade en eaux limpides ? Sautez dans le premier bateau pour Lokrum ! Cette île dont le nom se prononce *lokroum* et dérive du latin *acrumen* (les « agrumes ») vous réserve, à quelques encablures du vieux port, un concentré d'air pur – elle est totalement non-fumeur – et soixante hectares d'une dense végétation qui doit beaucoup à ses anciens propriétaires, les moines bénédictins, mais aussi à Maximilien de Habsbourg, le frère de François-Joseph, qui en fit sa villégiature.

❶ Lugarova kuća★

D'ailleurs, la bâtisse que vous verrez au débarcadère, et qui vient tout juste d'être restaurée (elle avait été détruite par l'armée yougoslave), présente encore en façade l'aigle de Maximilien, empereur du Mexique – un titre dont il ne profita guère : il fut fusillé près de Mexico en 1867. Son neveu Rodolphe aimait beaucoup, lui aussi, les bosquets de Lokrum. Il y passa même sa lune

de miel mais n'eut pas l'occasion d'y revenir : il se suicida près de Vienne en 1889. Une malédiction pèserait-elle sur les propriétaires de l'île ?

❷ Botanicki vrt★★

☎ 020 427 937
Accès libre.

Dans le jardin botanique que l'académie des Sciences a eu la bonne idée (1959) d'aménager sur 2 ha, on cultive encore huit cents espèces d'agaves, eucalyptus, cactées… provenant pour la plupart d'Amérique et d'Australie. Elles ont beaucoup souffert de la guerre de 1991-1992 mais, avec un peu de chance, vous pourrez voir, dans l'allée centrale, un *Callistemon macropunctatus,* une jolie plante d'origine australienne que l'on appelle en français « rince-bouteille ».

❸ Rajski put★★

Lorsque l'archiduc Maximilien acheta Lokrum en 1859, il fit transformer l'île en un parc paysager : on creusa un puits (le puits de Charlotte) ainsi qu'un nouveau réservoir pour pouvoir arroser les plantes exotiques, et l'on traça une allée bien droite – façon Habsbourg – jalonnée de cyprès : le « Chemin du paradis », qui conduit en 20 min de marche…

❹ Utvrda Royal★★

…au sommet de l'île (96 m d'alt.) où gisent les ruines d'un ouvrage militaire, le Fort royal, construit en 1806 par les troupes napoléoniennes, sous la direction d'Auguste-Frédéric de Marmont, futur duc de Raguse et maréchal de France. Cela dit, si l'on vous a fait grimper jusqu'ici, ce n'est pas pour admirer ses batteries mais le superbe panorama sur la partie sud de Lokrum, avec le monastère émergeant de la pinède. Et sur Dubrovnik : on aperçoit même, dans le lointain, le pont suspendu de Gruž !

❺ Samostanski kompleks★★★

On comprend que les Bénédictins aient eu de la peine à quitter leur monastère en 1798. Non seulement, c'était le premier monastère bénédictin de Raguse (il est mentionné dans les archives dès 1023 et le Saint-Siège avait accordé au père abbé le droit de porter la mitre, ce qui n'est pas rien !) mais il possédait un joli clocher roman et un a-do-ra-ble cloître mi-gothique mi-Renaissance planté de buis et de rosiers : un carré de silence à peine troublé par le pépiement des oiseaux dans les orangers…

❻ Rajski vrt★

Samostanski kompleks
☎ 099 2000 803
T. l. j. 10h-18h,
f. oct.-avr.

À l'intérieur de l'ancien monastère se cache un modeste restaurant : le Rajski vrt – en français, « jardin d'Éden », allusion à la fameuse phrase (p. 2) de l'écrivain irlandais George Bernard Shaw : « Ceux qui cherchent le paradis sur terre doivent venir à Dubrovnik. » On ne sait pas bien si Adam et Ève avaient du risotto au noir de seiche et du fromage maison au romarin pour le déjeuner, mais une chose est sûre : par grosse chaleur, la tranche de pastèque fraîche que l'on grignote ici a bien le goût du paradis.

❼ MRTVO MORE★★★

L'île de Lokrum vous réserve également des « curiosités géologiques » : des failles, des grottes… La plus accessible étant la « Mer morte », un ancien bassin d'effondrement qui s'est empli d'eau de mer à l'ère quaternaire et qui est toujours relié à l'Adriatique par un boyau sous-marin. On dirait un petit lac bien chaud : vos enfants vont adorer !

11

resto top → la taverna galija près de l'église

Voir verso du plan détachable – **H6**

Scooter 20min de l'hôtel

Cavtat
et ses presqu'îles

Il y aurait beaucoup à dire sur Cavtat (prononcez *Tsavtatt*). Cette ancienne colonie romaine, qui portait le nom d'Epidaurum, n'est peut-être pas, comme le veut la tradition, « l'ancêtre » de Raguse. Mais qu'importe après tout : le site, protégé par deux presqu'îles et trois îles, est un vrai bijou et il n'est qu'à 45 min du vieux port de Dubrovnik. Alors sautez dans le bateau ! À l'arrivée : pins, plages et palmiers…

❶ Gospa od Snijega★★

Horaires variables.

Commencez par Notre-Dame-des-Neiges (c'est le nom que l'on donne à la petite église du couvent franciscain). Si vous entrez par la porte latérale, vous découvrirez sur votre gauche un superbe polyptyque de 1509, peint par Vicko Lovrin Dobričević (p. 21). Son saint Michel vous semble un peu sombre ? Appuyez sur l'interrupteur près du pilier droit ! Vous le verrez se détacher de son fond d'or…

❷ Šetalište Rat★★

On conseille vivement aux baigneurs et aux contemplatifs de flâner sur ce sentier ombragé : il les conduira tout droit au bout de la presqu'île de Rat qui sépare le port de Cavtat (Luka) de la « baie tranquille » (Uvala Tiha). Il y a là les ruines d'une villa du Ier s. – signalées par le panneau *arheološki lokalitet* – mais surtout des rochers aménagés en « plage » avec un minicafé sur pilotis face au soleil couchant.

❸ Mauzolej obitelji Račić★★

☎ 020 478 646
Lun.-sam. 10h-12h et 17h-19h, dim. 10h-12h
Accès payant.

Cet imposant mausolée, orné de cariatides, de signes du Zodiaque et de représentations des quatre grands saints slaves (Cyrille, Méthode, Sava et Grégoire), a été construit en pierre de Brač (1922) par l'une des figures les plus importantes de la sculpture croate – Ivan Meštrović – pour une famille d'armateurs de Cavtat, les Račić. Ses symboles vous laissent de marbre ? Concentrez-vous sur le paysage alentour : depuis le cimetière, le panorama est à tomber !

❹ Kuća Bukovac★★★

Bukovćeva
☎ 020 478 646
Mar.-sam. 9h-13h et 16h-20h, dim. 16h-20h
Accès payant.

Autre vue délicieuse : celle que l'on a depuis le 2e étage de la maison où vécut, entre deux séjours à l'étranger, Vlaho Bukovac. Ce peintre, dont vous avez peut-être déjà vu quelques portraits à l'Umjetnička Galerija (p. 55), avait un sens exquis de la couleur. Même les peintures à la tempera qui décorent les murs – ceux de la salle bleue, par exemple – sont de sa main. Ils les a réalisées en 1872, avant de partir au Pérou.

❺ Škatulica★★

Dr. Ante Starcevića 6
T. l. j. 9h-15h et 17h-23h.

Voici une boutique réjouissante, qui vend plein d'articles sympas, à des années-lumière des kitschissimes statuettes en lave

que vous verrez… au n° 2. Ici, tout est de bon goût : les bocaux de noisettes et le *limoncino* griffés Bibich, les flasques de raki à 50° dans lesquelles Vukojević, le distillateur, a plongé des branchettes de romarin… Même les petits cœurs en miel que l'on appelle *licitar* sont charmants. Attention : ils ne se mangent pas ! Mais vous pourrez vous en servir pour décorer votre sapin de Noël…

❻ Plaža Cavtat★

Šetalište Sustjepan
☎ 020 475 555
T. l. j. 10h-17h.

Vous cherchez une table au bord de la mer ? Optez pour le restaurant de plage situé au pied de l'hôtel Croatia (p. 98). La cuisine est simple – assiette de jambon dalmate aux olives, salade de poulpe aux tomates… – mais la vue ne manque pas de charme : d'un seul regard, on embrasse toute l'anse de Cavtat et la presqu'île de Rat, avec les toits de tuiles rousses et le dôme du mausolée émergeant des frondaisons. Le vendredi soir, formule buffet en musique.

LES PREMIÈRES ANNÉES…

… de Vlaho sont dignes d'un roman de Dickens. À l'âge de 11 ans, il part avec un de ses oncles en Amérique dans l'espoir d'échapper à la pauvreté. À peine arrivé, l'oncle meurt et Vlaho est placé, à New York, dans une sinistre maison de correction. Qu'il quitte cinq ans plus tard pour retourner à Cavtat et s'engager sur un voilier qui relie Odessa à Liverpool. On le trouve ensuite au Pérou où il décore des wagons puis à San Francisco où il travaille dans un café et expose ses premiers travaux d'amateur. Il rentre à Cavtat en 1876, slavise son nom en Bukovac et… part à Paris s'inscrire à l'École des beaux-arts. La suite p. 22 !

12

Lopud

Voir verso du plan détachable – **H6**

Les îles Élaphites

Il existe, à moins de sept milles marins de Dubrovnik, un chapelet de treize îles – les Elafiti – qui sont si exquises qu'on aurait envie de les butiner toutes mais trois seulement sont desservies par le bateau : Lopud, « l'île du milieu », est la plus vivante ; Koločep, la moins peuplée ; Šipan, la plus grande et la seule où vous croiserez quelques voitures. Hors saison, cet archipel, qui formait autrefois un petit comté, est encore l'un des secrets les mieux gardés de la Dalmatie méridionale…

❶ Crkva Sv. Marije od Špilice★★

Port de Lopud
Visite possible avant ou après la messe de 9h.

L'église Sainte-Marie-du-Rocher qui domine le port de Lopud fait partie d'un couvent fortifié que les Franciscains avaient édifié en 1483 avec le soutien de riches Ragusains, à la fois pour loger les moines et protéger les îliens des attaques ennemies.
De l'intérieur, on retiendra surtout les stalles du chœur, le triptyque de Nikola Božidarović (p. 21) au-dessus de la porte de la sacristie et, devant le maître-autel, les balustrades en marbre du XVe s. sur lesquelles figurent les armoiries des nobles et généreux donateurs.

❷ Perivoj Đorđić-Mayneri★

Obala Iva Kuljevana
(entre les n°s 31 et 32)
Anse de Lopud.

L'Obala Iva Kuljevana, c'est la Croisette de Lopud. Toutes proportions gardées, bien sûr.

On l'arpente au retour de la plage, on s'attarde aux terrasses de ses cafés. On prend le frais dans le parc quasi subtropical que les Đorđić-Mayneri ont eu la bonne idée de planter en front de mer. Non seulement cet écrin de verdure est un havre de paix mais la vue, depuis les deux lions de pierre, est ravissante : si on était peintre, c'est là que l'on camperait son chevalet. Juste à côté du parc se dresse le Grand Hotel (architecte : Nikola Dobrović, 1936) qui devrait bientôt être restauré.

❸ Benešin rat*

Île de Lopud.

De tous les chemins aménagés dans l'île, le plus facile est celui qui passe au pied de l'hôtel Lafodia (p. 100) pour vous emmener tout au bout de la « Croisette ». Il laisse à droite la mer et ses criques bleu lagon ; à gauche, quelques résidences secondaires dont la villa Vesna, bâtie elle aussi par le fonctionnaliste Nikola Dobrović (1939). Vingt minutes de marche suffisent à atteindre le promontoire qui fait face à Šipan et au coucher du soleil.

❹ Plaža Šunj*

Île de Lopud.

Vous rêviez d'une plage de sable fin, propre sur elle et sans oursins ? La voici ! Elle s'appelle Šunj (prononcez *Chougne*) et se situe sur la face sud-est de l'île, à 25 min à pied du port de Lopud par le chemin Ulica od Šunja.

Vous pourrez y louer un parasol, un transat, un kayak... Vous pourrez même y grignoter entre deux baignades : le café Rajski Kutak sert des calmars grillés (45 kn) et des salades de thon.

Notez que l'anse est ensoleillée jusqu'à 18h maxi et que seul le secteur droit est « textile ».

❺ Crkva Sv. Gospa od Šunja**

Île de Lopud.

Supposons qu'il vous reste encore un peu de souffle au sortir du bain et que vous ne soyez pas pressé(e) de retourner au port de Lopud : nous vous suggérons, en ce cas, d'emprunter le chemin à droite qui grimpe à l'église Gospa od Šunja. Elle sera probablement fermée – ce qui est dommage car vous auriez pu y admirer un polyptyque de Matko Junčić (la seule œuvre que l'on ait conservée de ce peintre ragusain, p. 20) – mais le cimetière qui l'entoure est extrêmement attachant. Il a la mer pour toile de fond.

❻ Kaštio***

Île de Lopud.

À 100 m du cimetière, un sentier de randonnée permet de regagner à travers champs le port de Lopud au prix de 40 min de marche... Un peu plus, si vous faites un crochet par le Kaštio, le « Fort espagnol » construit en 1511 au pied du point culminant de l'île (214 m). Le dernier tronçon, caillouteux, est un chouïa malaisé mais le panorama qui vous attend là-haut devrait largement vous

récompenser de tous ces efforts musculaires ! Prévoyez une bouteille d'eau, de bonnes chaussures, et ne vous laissez pas intimider par les geckos du coin : ils sont inoffensifs !

Voir verso du plan détachable – **H6**
Koločep

❼ Slastičarnica Palma★

Obala Iva Kuljevana
Anse de Lopud
T. l. j. 8h-23h.

Lopud n'a déjà plus de secret pour vous ? Prenez la navette pour Šipan ou Koločep ! Comme le bureau de la compagnie maritime Jadrolinija n'ouvre ses portes

que 30 min avant le départ du prochain bateau, cela vous laisse largement le temps de traîner chez Palma, le glacier juste en face. Et d'hésiter entre un cornet ananas et noix de coco *(piña colada)* ou fruits des tropiques *(tropsko voće)* à 5 kn...

❽ Donje Čelo★

Île de Koločep.

Autre île, autre ambiance ! Dès que le bateau accoste dans la baie de Donje Čelo, on comprend que Koločep – ou, mieux, *Kalamota* comme l'appellent ses 140 habitants – est bien plus... assoupie que Lopud et sa plage de sable plus solitaire que celle de Šunj. Bon, il ne faut rien exagérer : on n'est quand même pas dans un épisode de *Koh Lanta !* Il y a deux cafés, dont le Stari Miri, un hôtel avec piscine (p. 99), quelques citadins qui jouent aux ermites et, émergeant des pins, une poignée de villas qui remontent aux siècles lointains où l'île vivait de la marine et de la pêche au corail.

❾ Sveti Nikola★★

Île de Koločep.

Avez-vous déjà vu une église paléocroate ? Jamais ? Vous pourrez réparer cette erreur en empruntant le petit chemin qui zigzague entre la baie de Donje Čelo et l'anse de Gornje Čelo ! Au bout de 30 min de marche à travers les oliveraies et les senteurs de lavande, vous découvrirez au beau milieu d'un cimetière une chapelle miniature à une seule nef, très représentative des constructions préromanes du XIe s., qui a pour tout décor un badigeon de rose abricot.

❿ Suđurađ★

Île de Šipan.

Sur l'île de Šipan, le port qui fait face à celui de Lopud s'appelle Suđurađ (Saint-Georges). Les ferries Dubrovnik-Mljet y font escale mais vous en aurez vite fait le tour : il est minuscule. Avant de vous précipiter à la « plage » (on y accède en suivant le panneau *plaža šetalište),* jetez un œil sur le hameau. Il était souvent la victime des pirates, c'est pourquoi certaines de ses constructions ont été fortifiées :

l'église du Saint-Esprit par exemple (Crkva Sv. Duha, située à la sortie du bourg) mais aussi la résidence d'été…

⓫ Ljetnikovci Skočibuha★

Port de Suđurađ
Île de Šipan.

…que Tomo Stjepović-Skočibuha et son fils Vice, riche armateur et mécène,

se firent bâtir entre 1529 et 1588 à l'emplacement d'un ancien chantier naval. Cette demeure, typique de l'architecture des villas ragusaines (p. 30), est protégée par deux grosses tours crénelées et bien cachée derrière de hauts murs mais il est possible d'en apercevoir les jardins intérieurs à travers la porte-fenêtre du café Na Taraci (ou même, parfois, de les visiter sur rendez-vous : ☎ 020 758 046, www.sipanmarusic.com). Les Stjepović, soit dit en passant, étaient jadis propriétaires d'une bonne partie des terres agricoles qui forment la vallée de Šipan.

⓬ Šipanska Luka★★★

À 10 min de bus de Suđurađ
Île de Šipan.

Et pour celles et ceux qui douteraient encore que les Élaphites sont des îles de rêve, voici une ultime preuve : Šipanska Luka, le « port de Šipan » sur la face nord-ouest. Un lieu délicieux où vous n'aurez pas grand-chose à faire, sinon à profiter du paysage. Ici, un quai avec des palmiers et des maisons autrefois roses, là une villa « Ivo Stjepović » de 1908 avec un balcon à balustres porté par des lions. Avant d'aller squatter une table au Trabakula (p. 101), prenez le temps de monter à la terrasse de l'église Sv. Stjepan : elle vous réserve, elle aussi, une bien jolie vue…

⓭ PLACA SHOP★

Il faut bien l'avouer : le lèche-vitrines n'est pas le point fort des Élaphites. Mais Tanja Brajović n'a pas dit son dernier mot : dans la miniboutique qu'elle a ouverte près du vieux platane (il a quatre cents ans), elle a réuni une intéressante sélection de liqueurs locales à base d'agrumes ou de caroube, des savons Ulola à la menthe, à la cannelle ou au lait de chèvre et une série de tee-shirts Šipanska Luka et Planet Šipan dont les sympathiques motifs ne pourront que séduire (80 kn).

Šipanska Luka
Île de Šipan
T. l. j. sf à l'heure du déjeuner.

13

Voir verso du plan détachable – G6

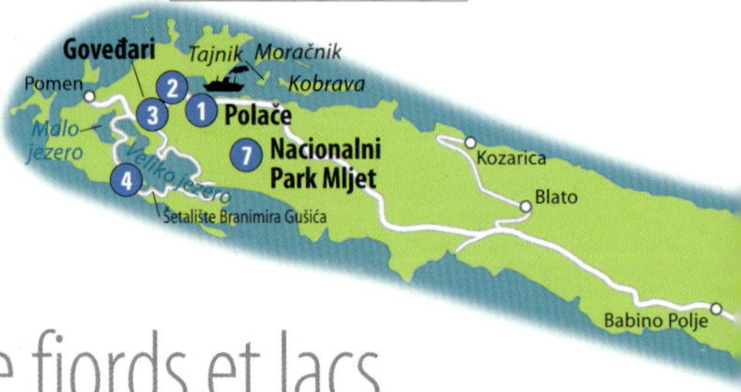

Mljet,
entre fjords et lacs

De toute les grandes îles dalmates, Mljet (prononcez *Mliètt)* est la plus méridionale et peut-être la plus enchanteresse. On dit que la nymphe Calypso vivait sur ses rivages : c'est là que, huit années durant, elle aurait retenu dans sa grotte le brave Ulysse. Le paysage, il est vrai, a de quoi vous faire oublier le vol du retour ! Surtout les deux lacs avec le petit îlot Sainte-Marie posé sur les eaux turquoise… Séquence nature et farniente.

❶ Polače★★

Première escale : le « fjord » de Polače. Aujourd'hui, il accueille pas mal de yachts de luxe et quelques célébrités (Tom Cruise !) mais ça n'a pas toujours été le cas : dans l'Antiquité, il servait surtout : 1°) de repaire aux pirates : le dédale d'îles qui en barrent l'entrée – Kobrava, Moračnik, Tajnik… – lui donne d'ailleurs un petit air de baie d'Along ! 2°) de port aux Romains : le « palais » *(palača)* qu'ils ont laissé au fond de l'anse au IVe s. était peut-être celui du gouverneur de l'île, Pierius d'Odoacre.

❷ Suveniri Katja★

Polače 42
☎ 091 1744 119
T. l. j. en été.

Katja a ouvert sa boutique de souvenirs – la seule du parc avec celle de l'hôtel Odisej – en 2004, au pied des ruines du palais romain. Elle est minuscule mais si vous aimez les eaux-de-vie et les broderies, ça vaut la peine de jeter un œil sur ses étagères : à côté des liqueurs de caroube, noisette ou orange signées Brigljević, vous y trouverez deux ou trois tuniques en lin, des sachets de lavande et des coussins ornés de motifs traditionnels de l'île de Mljet.

❸ Goveđari★★

La route qui relie Polače à Pristanište laisse à droite, étagé au flanc du coteau,

un modeste village, un peu assoupi mais très photogénique : Govedari (179 hab.). On dirait que rien, ici, n'a changé depuis qu'il a été fondé à la fin du XVIIIe s. : les femmes âgées y portent toujours le fichu noir et, à l'automne, les ânes

gravissent les rues escarpées, chargés de grappes de raisin et d'olives. Plus pittoresque…

❹ Šetalište Branimira Gušića★★★

Voir Incontournable p. 76

Aménagé le long des deux « lacs » de Mljet, ce superbe sentier, réservé aux marcheurs et aux cyclistes, ne permet pas d'en faire le tour à proprement parler (il n'y a pas d'autre pont que celui de Mali Most) mais il vous réserve quelques « pauses baignade » et de bien jolies vues à travers les pins sur Sveta Marija, l'île dans l'île, point d'orgue de la visite du parc (accessible par bateau depuis Pristanište ou Mali Most.

❺ Konoba Triton★

Sršenovići 43
Babino Polje
☎ 020 745 131
T. l. j. en été.

Babino Polje qui s'étire sur 4 km de long au pied du mont Grad (512 m) est LE chef-lieu de l'île. Il compte 390 habitants, une école primaire, un moulin à huile (Zabrijeze 4) et…

une taverne, la konoba Triton, dont les plats maison ne sont pas piqués des hannetons :

nouilles au crottin de chèvre *(mljetski makaruli)* et anchois à la soupe de pois *(slanutak)*, le tout servi dans un décor digne d'un musée des vieux outils : il y a la jarre pour conserver les olives, la hotte pour le transport des figues, la selle d'âne…

❻ Saplunara★★

Après ces agapes, vous pourrez descendre à la grotte d'Ulysse (p. 68). Ou, mieux, gagner l'extrémité sud-ouest de l'île où se trouve le hameau de Saplunara – 32 habitants – et sa célèbre plage de sable fin ! Parfois, le flot y rejette quelques détritus mais le site, classé « réserve naturelle », reste un havre de paix. Attention : les plantes que vous y verrez – le liseron des sables, le sporobole piquant, le lys de mer… – sont fragiles et rarissimes. Ne les cueillez pas !

❼ NACIONALNI PARK MLJET

La partie nord-ouest de Mljet, promue au rang de « parc national » en 1960, est sous haute surveillance et fait l'objet d'une réglementation particulière. En gros : vous ne pourrez ni camper, ni pêcher, ni chasser, ni… fumer, mais la si belle forêt de pins d'Alep et de cyprès vaut bien quelques sacrifices. Pensez à vous munir de votre ticket d'accès ! Il est en vente, au prix de 90 kn, aux kiosques de Pomena et Pristanište (☎ 020 744 041 ; www.np-mljet.hr) – **Voir incontournable p. 76.**

14

Voir verso du plan détachable – **F6**

en voiture

Korčula, la fidèle de Venise

Certains la comparent... à un pouce : baignée de trois côtés par la mer, la petite cité de Korčula (prononcez *Kortchoula*) est rattachée au reste de l'île par un isthme étroit. D'autres... à un poisson : ses ruelles ne sont-elles pas disposées à la manière des arêtes d'un poisson ? Mais Korčula est in-com-pa-ra-ble. Surtout en fin d'après-midi, à l'heure où ses vieilles pierres, dorées sous le soleil, se souviennent du temps où l'île était vénitienne et s'appelait Curzola.

❶ Veliki Revelin★★

Point de départ : la tour, ornée du lion de Venise, qui défend depuis le XVe s. l'entrée de la vieille ville. Le pont-levis qui la reliait autrefois à la terre ferme a été remplacé en 1863 par un escalier de pierre mais la tour offre toujours, depuis la terrasse supérieure – accès payant –, la même vue épatante sur le campanile de la cathédrale. À l'intérieur, une expo est dédiée à la *moreška*, la fameuse danse des épées qui oppose les chevaliers du roi blanc à ceux du vilain roi noir (voir p. 19).

❷ M.A.K.★

Ulica opata don Ive Matijaca
☎ 020 715 913
T. l. j. 9h-22h.

Les figures de la *moreška*, vous les retrouverez ici sur des tee-shirts qui se lavent à 40 °C et se repassent. Des tee-shirts ? Oui : Edi Jungher – le monsieur qui tient les rênes de cette boutique – s'est lancé dans l'art de la *sitotisak* (sérigraphie) et du motif

rigolo. Avec talent : le coton blanc se couvre de cartes nautiques, de minipoissons et minipieuvres…
Un souvenir sympa de Korčula pour 60 kuna.

❸ Gradski muzej★★

Trg Sv. Marka
☎ 020 711 420
T. l. j. 9h30-21h (hors saison, 9h30-14h).

Derrière la façade Renaissance du palais Gabrielis se cache le Musée municipal. Il vous donnera une petite idée du mode de vie de la bonne société de Curzola aux XVIIe-XVIIIe s., ainsi qu'un éclairage intéressant sur les deux activités historiques de l'île : la construction navale

(brodogradnja) et la taille de pierre *(kamenoklesarstvo)*.

À voir aussi : la cuisine – logée sous les combles comme le veut la tradition – et les photos de 1943 : cette année-là, les îliens ont été évacués de Korčula vers Hvar, Vis puis… l'Égypte.

❹ Opatska riznica Sv. Marka★★

Trg Sv. Marka
☎ 020 711 049
T. l. j. 10h-12h et 17h-19h.

Et maintenant, place aux collections religieuses !
Dit comme cela, ça paraît peut-être un peu ennuyeux, mais le « Trésor abbatial de Saint-Marc » – c'est le nom de ce musée situé juste à droite de la cathédrale – recèle : 1°) un tableau fort séduisant du XVe s. (la *Vierge à l'Enfant* de Blaž Jurjev) ; 2°) une belle fenêtre du gothique tardif, sculptée par l'atelier de Marko Andrijić et 3°) dans la salle du fond, une chasuble baroque brodée de si jolis ramages fleuris qu'on se demande bien pourquoi le modèle n'a pas été réédité !

❺ Katedrala Sv. Marka★★★

Trg Sv. Marka
Voir incontournable p. 77.

Visitez-la ! La cathédrale Saint-Marc a un je-ne-sais-quoi de poétique qui tient peut-être à la teinte de sa façade ou à son style (un roman venu des Pouilles, mâtiné de gothique et enrichi de Renaissance) : elle est, en tout cas, le fleuron de Korčula. À l'intérieur : une voûte en carène, sans doute conçue par des charpentiers de marine, un sarcophage attribué à Petar Andrijić – le fils de Marko – et une œuvre de jeunesse du Tintoret.

❻ Galerija Vapor★

Ulica Rafa Arnerija
☎ 020 715 909

Lun.-sam. 9h-22h, dim. 9h-13h et 17h-22h.
Si vous prenez le temps de descendre la Rafa Arnerija, vous découvrirez, face à la Korčulanska kuća (p. 125), une jolie courette derrière la grille et, tout au bout, juste au-dessus de l'office du tourisme, Vapor, la plus intéressante de toutes les galeries de la vieille ville. Ici, pas d'insipides aquarelles mais des gravures de Gaella Gottwald sur le thème de la *moreška* et de superbes sacs faits main par une costumière du Théâtre national de Zagreb, Dženisa Pecotić.

❼ Massimo★★

Šetalište Petra Kanavelića
☎ 098 191 35 38
En été, t. l. j. 17h-1h.

Prochain arrêt : la tour Zakerjan de 1483, aujourd'hui convertie en *koktel-bar*. Bien sûr, c'est un peu... sportif – l'accès se fait par une échelle de meunier – mais la vue, là haut, est imprenable. Pour info : le maestral est au rhum, le miss of Croatia à la liqueur de noisette et tous ces cocktails, que le barman agite avec dextérité au 1er, sont acheminés jusqu'au 3e par... monte-charge ! Sujets au vertige s'abstenir.

❽ Šetalište Petra Kanavelića★★

Ne la manquez pas ! La promenade, qui a été aménagée à l'emplacement

des remparts médiévaux, détruits au XIXe s., a un certain charme : jalonnée de tables en osier, de cafés décontractés et de pizzérias, elle vous permettra de vous détendre les mollets à l'ombre d'un parasol tout en contemplant la mer. Certains même s'y baignent – des escaliers permettent çà et là de descendre dans les rochers – mais ce n'est pas la plus propre des plages de Korčula.

❾ Kuća Marka Pola★★

Ulica Depolo
T. l. j. 9h-21h
Accès payant.

Vous voici devant la maison dite de Marco Polo (1254-1324). « Dite » car il n'est pas sûr que le plus grand voyageur européen du Moyen Âge ait réellement vécu ici. Ni même que le Vénitien soit vraiment né à Korčula. Bien sûr, l'hypothèse n'est pas si extravagante : après tout, l'île, en 1254, était vénitienne et le nom de famille Polo ou Depolo apparaît très tôt dans les registres locaux... Une chose est sûre, cela dit : la vue depuis la loggia de ce qui fut peut-être la maison de sa famille est... panoramique !

❿ Zbirka ikona★

Kaporova ulica
☎ 020 711 049
T. l. j. 10h-14h et 16h-19h.
La confrérie de la Toussaint, dont les membres portent une

dnata

Alpha Flight a.s.
VAT incl.

NORMAL SALE

Date	22 Jul 2017
Time	08:37:27
Flight No	V7 2246
Route	BOD DBV
Crew	3287
Order No.	T00018

Item	Price
2x Espresso	5.00
Total (EUR)	5.00
Cash (EUR)	5.00

Thank You

tunique blanche lors de leur procession annuelle, est la plus ancienne des trois associations de laïcs *(bratovština)* qui œuvrent encore à Korčula pour venir en aide à leurs frères en détresse : sa fondation remonte à 1301 ! La maison où elle siège réunit une modeste collection d'icônes rapportées de Crète à la fin de la guerre de Candie (1669) pour éviter, dit-on, qu'elles ne tombent dans les mains des infidèles. Ces Vierges et saints byzantins ne vous diront peut-être rien mais il y a là, au 1er étage, une passerelle…

⓫ Crkva Svih Svetih★★★

Kaporova ulica
T. l. j. 10h-14h et 16h-19h.

… qui vous conduira tout droit à l'intérieur de l'église de la confrérie. Laquelle n'avait pas mauvais goût, si l'on en juge au décor ambiant. La pietà en noyer, derrière le baldaquin, provient de l'atelier du sculpteur viennois Georg Raphael Donner. Le plafond a été peint au début du XVIIIe s. par Tripo Kokolja, un habile artiste de la région de Kotor. Quant au polyptyque accroché à droite du maître-autel, c'est un pur chef-d'œuvre du gothique croate. Son auteur n'est rien moins que l'illustre Blaž Jurjev de Trogir (1439).

⓬ Tržnica★

Trg kralja Tomislava
Ouv. toute la journée.

Tržnica : un autre mot à retenir ! Ça veut dire « la place du marché » en croate. Celle de Korčula ne compte qu'une dizaine d'étals mais elle est le rendez-vous quotidien des maraîchers du coin, autrement dit :

du 100 % terroir. Vous pourrez y glaner de goûteuses oranges de Lumbarda, des figues, des miels même et, si elles sont encore de saison, des *đenerika*, variété locale de prunelle qui a la taille et la couleur d'une cerise Napoléon.

⓭ Kiwi★

Plokata 19. travnja 1921 27
☎ 020 715 781
Lun.-sam. 8h-23h, dim. 15h-23h.

Le marché n'est pas la seule halte gourmande du quartier. Si vous flânez dans les ruelles situées au sud de la Plokata 19. travnja 1921, vous vous retrouverez très vite nez à nez avec le glacier Kiwi. Dans ses bacs : un festival de parfums cannelle, noisette, crème de whiskey, rhum, « azzurro » ou cookies à 5 kn la boule. De quoi attendre le départ du bateau pour Badija !

⓮ L'ÎLOT DE BADIJA

Pour vous y rendre, c'est très commode : toutes les demi-heures en été, un *taxiboat* assure pour 30 kn la navette entre le port est de Korčula et l'îlot de Badija (1 km²). Arrivée 10 min plus tard au pied du monastère franciscain. Si frère Jaki est là, peut-être pourrez-vous jeter un œil sur le cloître gothique (XVe s.) et l'autel assez délirant (1722) du Vénitien Giuseppe Torretti. Sinon, vous aurez tout loisir d'aller lézarder sur les rochers de la face nord (p. 11).

15

Voir verso du plan détachable – 16

penser à prendre des Euros pour payer

Escapade au Monténégro

Vous en avez forcément entendu parler : le Monténégro, qui a proclamé son indépendance en 2006, est le 48e État de l'Europe. Mais saviez-vous que cette petite république de l'ex-Yougoslavie n'est qu'à 40 km au sud-est de Dubrovnik ? Pour y jeter un œil et humer l'air des Balkans, rien de plus simple : il suffit de vous inscrire auprès d'une agence, type Elite Travel, et le bus passe vous prendre à votre hôtel. Une idée du circuit ?

❶ Boka Kotorska★★★

Voir incontournable p. 78.

Il commence par les bouches de Kotor, gigantesque golfe qui s'enfonce profondément dans les terres et justifierait à lui seul le voyage au Monténégro. À l'entrée de la baie de Risan, vous vous arrêterez pour admirer deux îlots posés comme par enchantement à la surface des eaux : Gospa od Škrpelja (Notre-Dame des Ciseaux) et Sv. Đorđe (Saint-Georges).

❷ Perast★

Connue pour avoir donné à Venise beaucoup de ses meilleurs amiraux, Perast disposait au XVIIIe s. d'une flotte importante et d'une école réputée, tenue par les Franciscains qui formèrent à l'art de la navigation plusieurs officiers du tsar Pierre le Grand. Ses églises et palais (Bujović, Zmajević…) constituaient l'un des plus beaux ensembles baroques de la côte adriatique. Hélas, ils ont été détruits en partie lors du séisme de 1979, et, pour certains, laissés à l'abandon. Séquence nostalgie !

❸ Kotor★★

On ne ressent pas cette même mélancolie dans la vieille cité fortifiée de Kotor : la cathédrale romane Saint-Tryphon, consacrée en 1166, a été restaurée et le marché, à l'extérieur des remparts, est bien vivant. Si le guide vous en laisse le temps, poussez la porte du musée de la Marine (Pomorski muzej, palata Grgurin) ou de l'église orthodoxe Saint-Nicolas ! Vous préférez l'option « petit café » ? Le plus sympa est le Cesare (Stari grad 327, ouv. de 7h à 1h).

❹ Nacionalni Park Lovčen★★

Attention : la route en lacet qui relie Kotor au Lovčen, le plus haut de tous les massifs du Monténégro (1 748 m), est assez éprouvante. Vous pouvez fermer les yeux si vous avez le vertige – il paraît que le chauffeur du bus fait ça de temps en temps ! – mais ce serait dommage : la vue sur la baie est grandiose. Un autre genre de paysage vous attend à l'arrivée : la mer de pierres – un relief ingrat qui explique que la région ait pu jouir d'une large autonomie.

❺ Cetinje★★

C'est pour échapper aux attaques répétées des Ottomans que les premiers souverains du Monténégro avaient établi leur cour à Cetinje (703 m d'alt.). En 1878, la bourgade, isolée dans ses montagnes,

fut officiellement promue au rang de capitale, un statut qu'elle perdit en 1945 au profit de Podgorica alias Titograd. Tout cela pour dire qu'il règne ici une atmosphère particulière. Des maisons basses, quasi campagnardes, voisinent avec de gros palais datant de la monarchie, plusieurs institutions culturelles (dont le Musée national du Monténégro, ☎ 381/86230310, ouv. t. l. j. 10h-19h) et les anciennes représentations diplomatiques étrangères.

❻ Budva★★

La route qui relie Cetinje au littoral monténégrin vous entraînera vers un tout autre monde – celui, plus riant, des longues plages de sable de Budva. Cette station balnéaire a beaucoup souffert elle aussi du tremblement de terre de 1979 mais sous le soleil, le charme de la vieille ville opère encore. Entre le chemin de ronde et les boutiques de luxe de la Njegoševa ulica, une heure suffit à en faire le tour. Après quoi, vous retournerez à Dubrovnik via Tivat : à Lepetani, un bac vous déposera sur l'autre rive des bouches de Kotor.

SHOPPING AU MONTÉNÉGRO

Même s'ils sont 30 % plus élevés sur la côte qu'à l'intérieur du pays, les prix restent attractifs (pour l'étranger de passage s'entend). Vous hésitez entre un fromage du Lovčen, le dernier CD de Ljubo Ševaljević et l'album photo de la princesse Xénia de Monténégro ? Avant de dévaliser les magasins de souvenirs, rappelez-vous que : 1°) la monnaie officielle est l'euro, 2°) certains articles sont à l'évidence de la contrefaçon, de la contrebande (cigarettes) ou des TDC (miraculeusement « tombés du camion ») : soyez vigilant(e) !

Nacionalni park Mljet

Une forêt aux parfums de résine, deux lacs aux reflets turquoise et un îlot magique ? Pas de doute, le parc national de Mljet – 5 375 hectares – est un miracle de la nature et un petit coin de paradis. À découvrir depuis le sentier Branimir Gušić ou les hauteurs de Montokuc.

Les deux « lacs »

Vous pourrez vous y adonner en toute quiétude aux joies de la nage et du kayak : ils sont moins salés mais plus chauds que la mer (avec laquelle ils sont reliés par l'étroit canal de Soline). Pour info, le premier, qui est le moins profond des deux (29 m), a pour nom Malo jezero (« Petit Lac », 24 ha). Le second, qui s'appelle Veliko jezero (« Grand Lac » ; 145 ha, 46 m) est le plus oxygéné…

L'église Sainte-Marie

Son histoire a commencé en 1151. Cette année-là en effet, un certain Desa, prince de Zachumlie, fit don de l'île de Mljet aux bénédictins de Santa Maria di Pulsano, une abbaye alors très influente de la côte italienne. À peine établis sur l'îlot du Grand Lac, les moines bâtirent l'église dans un calcaire de la région (Brač) mais dans le style des Pouilles. Résultat : un petit bijou de l'architecture romane, protégé des pirates par une grosse tour défensive…

Le couvent

… et par un couvent qui fut agrandi et fortifié au cours des siècles. Ce couvent, aujourd'hui en cours de restauration, a joué un rôle important dans l'histoire locale : les bénédictins qui y restèrent jusqu'à l'arrivée de Napoléon (1808) ont non seulement favorisé la culture de la vigne mais ils ont aussi accordé dès 1345 un statut particulier aux habitants de l'île en les affranchissant de toute corvée. En outre, ils avaient là une riche bibliothèque où les historiens et poètes de Raguse venaient parfois se retirer. On les envie !

COORDONNÉES

Nacionalni park Mljet
(voir p. 69)
☎ 020 744 041
www.np-mljet.hr
Accès payant
Bateaux pour Sveta Marija : en été, toutes les heures, de 10h à 17h, au départ de Mali Most ; de 10h15 à 17h15, au départ de Pristanište.

Katedrala sv. Marka

Saint-Marc qui veille sur la place centrale du vieux Korčula n'a certes pas l'ampleur de ses consœurs dalmates – les grandes cathédrales de Šibenik ou de Trogir – mais elle est assez hardie. Elle a été édifiée en gros moellons de calcaire par d'excellents tailleurs de pierre locaux et deux Italiens non moins talentueux.

Le campanile

C'est d'ailleurs l'un d'eux (Giacomo Correr, originaire de Trani dans les Pouilles) qui entreprit vers 1440 d'ériger le campanile. La partie supérieure – la jolie terrasse avec la chambre des cloches – sera achevée à la fin du XVe s. par le plus célèbre atelier de sculpteurs de Korčula : les Andrijić, qui travailleront aussi sur le chantier de Sveti Spas (p. 52). Pour info, la boule métallique indique les phases de la lune.

La façade

Vous aurez sans doute remarqué les deux lions qui tiennent un agneau dans leurs griffes et, juste au-dessous, les figures accroupies d'Adam et Ève. Ces consoles sont l'œuvre d'un maître lombard, Bonino de Milan, qui a accompli l'essentiel de sa carrière en Dalmatie (les Dubrovnikois lui doivent la statue de Roland, p. 45). Il vous reste à dénicher les mascarons qui ponctuent la corniche du fronton ! Il y a une sirène à deux queues côté sud, une tête d'éléphant côté nord et un jeune homme au centre…

Les autels

Le retable du Tintoret figurant saint Marc, saint Jérôme et saint Barthélemy vient tout juste d'être restauré ! Il devrait donc retrouver sa place sous le baldaquin de Marko Andrijić (1486), au-dessus de l'autel qui dissimule, derrière un rideau pourpre, le reliquaire de saint Théodore martyr, co-patron de Korčula (que l'on porte en procession le 19 juillet). Attardez-vous aussi sur les statues en bois doré, très expressives, de la chapelle Saint-Roch : elles sont dues au ciseau d'un sculpteur de l'île, Franjo Čučić (1575).

COORDONNÉES

Katedrala sv. Marka
Trg sv. Marka
(voir p. 71)
En été, t. l. j. 9h-19h
Accès libre.

Boka Kotorska

On les appelle, en français, « les bouches de Kotor », d'après le nom de la plus importante des villes qui les bordent. Ce site exceptionnel, que l'on compare souvent à un fjord norvégien, compte parmi les vingt-cinq plus beaux paysages marins de la planète : l'Unesco l'a d'ailleurs inscrit sur sa liste du Patrimoine naturel.

Un fjord ?

La mer qui pénètre ici sur 30 km a pour toile de fond de hautes chaînes de montagne – l'Orjen à l'ouest, le Lovčen à l'est – dont les sommets sont souvent couverts de neige. S'il a en effet la sauvagerie d'un fjord, il peut aussi avoir, à la floraison des mimosas, tout le charme d'un lac italien. Le dédale de ses six baies qui communiquent entre elles par deux chenaux très resserrés : le détroit de Kumbor et la passe de Verige (340 m de large), qu'en 1381, Louis le Grand, roi de Hongrie et de Croatie, dota de chaînes *(verige)* destinées, en cas de menace, à interdire l'accès aux baies de Risan et Kotor.

Un enjeu stratégique

Un plan d'eau de 610 km^2, aussi bien abrité, ne pouvait manquer d'attirer les convoitises. Les pirates en firent très tôt leur nid et les Vénitiens, une base navale. Il faut dire qu'avant les progrès de l'artillerie lourde, le seul danger était d'être bloqué au fond de la baie de Kotor par un navire ennemi croisant à l'entrée des bouches. Les flottes française et austro-hongroise se les disputèrent âprement en 1914.

Les îlots

Deux pittoresques îlots miroitent sur les flots bleus de la baie de Risan (Risanski Zaliv). Il s'agit de Saint-Georges et de Notre-Dame des Ciseaux. La première, que l'on dirait tout droit sortie d'un tableau de Böcklin avec son monastère du XIIe s. émergeant des cyprès, est une île naturelle. La seconde a été aménagée sur des récifs : on y a bâti une église (1628) qui renferme une icône miraculeuse de la Vierge, 68 tableaux de Tripo Kokolja – le peintre baroque de la région – et quelque 2 000 ex-voto de marins.

COORDONNÉES

Monténégro (voir p. 74).

Pomorski muzej

Le Musée maritime regorge de documents intéressants. Prenez, par exemple, la lettre de 1557 qui commence par les mots : « Très chers et bons amys [...] » Elle est signée du roi de France, Henri II, et promettait aux Ragusains que jamais ses sujets ne pilleraient leurs navires. Comme tous les autres « traités de relations cordiales », elle révèle la belle habileté diplomatique des armateurs...

Le grand large

... mais elle nous donne aussi, à l'instar des cartes marines et des sauf-conduits, une idée précise de leurs routes marchandes. Car les Ragusains n'avaient pas que la mer Adriatique pour terrain de jeu : durant la seconde moitié du XVIe s., leurs caravelles étaient partout, de la Crète à Southampton en passant par Marseille. Les épaves sous-marines, qui gisent au large de Suđurađ ou de Drevine, sont autant de précieux témoignages : grâce à elles, les historiens connaissent non seulement la nature des cargaisons...

Embarcations

... mais aussi les différents types de navires utilisés pour la défense du port, le cabotage et le commerce, comme la caraque *(karaka)* ou le galion *(galijuna)*, qui pouvait transporter jusqu'à 1 tonne de grain. On a même pu reconstituer une maquette du rapide chébec *(šambeka)* à bord duquel les pirates barbaresques écumaient les mers. Naviguer sur l'Adriatique n'était d'ailleurs pas chose aisée : selon la force des vents, violents en hiver, on pouvait mettre entre 5 et 26 jours pour aller de Raguse à Venise.

Capitaines

Après un indéniable déclin au XVIIe s., la marine marchande connut entre 1750 et 1808 un nouvel âge d'or qui s'est traduit par l'émergence de véritables dynasties de capitaines-armateurs – les Kazilari à Cavtat, les Fiskovič à Orebić... – et un formidable développement du réseau consulaire : avant l'arrivée des troupes napoléoniennes, la République de Raguse employait 5 250 marins (pour une population de 30 000 habitants !) et disposait de 70 consulats à travers l'Europe. Le dernier fut créé à Odessa, en 1804.

COORDONNÉES

Pomorski muzej
Kneza Damjana Jude 12
(voir p. 43)
☎ 020 323 904
T. l. j. 9h-18h
(en hiver, 9h-14h)
Entrée payante.

Palača Sponza

Bâti entre 1516 et 1522 avec l'aide de l'architecte Pasko Miličević et de sculpteurs originaires de Korčula, ce très élégant édifice qui porte, cloutée sur son portail, l'inscription *dogana* – « douane » en italien – est un témoin unique de l'urbanisme ragusain : autrefois, les autres palais du Stradun étaient eux aussi précédés d'un portique mais ils l'ont perdu lors du séisme de 1667.

Un style métissé

C'est également un parfait exemple d'un style qui combine le « gothique fleuri » vénitien (fenêtres du 1er étage) et la première Renaissance florentine (arcades du rez-de-chaussée, fenêtres du 2e). Enfin, le Sponza est un édifice public qui a toujours été polyvalent : tour à tour douane, dépôt d'armes, école, banque, il a même abrité les ateliers qui, jusqu'en 1806, frappaient le *škuda* (écu), le *dukat*, le *dinar* et autres monnaies de la République, en cuivre ou en argent, toutes convertibles sur les marchés étrangers.

Les archives

L'étage, plus… culturel, se prêtait aux réunions des sociétés littéraires – les Poètes unis, les Arcadiens, les Frivoles – et des érudits locaux : ils venaient y exposer leurs dernières théories. À présent, il est consacré aux archives historiques de Dubrovnik qui constituent le plus important fonds de toute la Croatie : 100 000 actes diplomatiques, comptes rendus de conseils secrets, lettres avec l'Empire ottoman…

Le mémorial

En 1991-1992, deux cent vingt-et-un Dubrovnikois, jeunes pour la plupart, perdirent la vie en essayant de défendre leur ville attaquée par les forces serbo-monténégrines. La 1re salle g. du palais Sponza leur rend hommage et montre, photos à l'appui, la perle de l'Adriatique durant le siège : les rues jonchées de gravats, les palais baroques ravagés par le feu, les carcasses de navires calcinés – des images de désolation devant lesquelles on reste sans voix (Spomen soba poginulim dubrovačkim braniteljima, ouv. 9h-13h et 18h-20h, dim. 8h-13h).

COORDONNÉES

Palača Sponza
à l'angle de Placa et Luža
(voir p. 46).

Dominikanski samostan

C'est le plus ancien de tous les couvents de Dubrovnik : il a été fondé par des dominicains qui s'étaient arrêtés à Raguse presque par hasard, en 1225, alors qu'ils voguaient vers la Palestine. En quelques siècles, les « frères blancs » firent de leur monastère un haut lieu de culture, doté d'une riche bibliothèque et d'un musée.

Le cloître

Il a été réalisé entre 1456 et 1483, d'après les dessins d'un artiste florentin (Maso di Bartolomeo), par de très habiles sculpteurs de Raguse : vous aurez sans doute remarqué la délicatesse des chapiteaux à feuilles d'acanthe et du remplage des parapets, mais avez-vous vu, sur les voûtes de la galerie, les 24 petits bustes de saints dominicains ?

Le musée

Plusieurs échantillons de l'orfèvrerie locale y sont exposés : des bijoux en or, corail et pierres semi-précieuses, des colliers de petites boules filigranées, un encensoir en forme de bateau (on appelle ça une navette à encens, p. 28)... Mais ce sont surtout les tableaux de Nikola Božidarević qui méritent que l'on s'y attarde. Ils comptent (avec le *Baptême du Christ* de Lovro Dobričević Marinov) parmi les fleurons de l'école de Raguse. Sur le premier triptyque à droite, vous verrez saint Blaise tenant dans ses mains une maquette de Raguse au XVIe s. (on distingue nettement le port avec le brise lames). Et sur le polyptyque de l'*Annonciation*, un navire de la même forme que celle de l'encensoir : la caraque du donateur et armateur Marko Kolendić au mouillage dans l'anse de Lopud.

Le crucifix

On le rate parfois tant il est haut perché sur sa poutre de gloire. Et pourtant le crucifix peint par Paolo Veneziano, sans doute vers 1352, est exceptionnel à plus d'un titre. Sa fraîcheur et sa finesse d'exécution bien sûr mais aussi ses dimensions spectaculaires : 5 m de hauteur, si l'on inclut le superbe cadre en bois doré, orné d'anges et de prophètes.

COORDONNÉES

Dominikanski samostan
Ul. Sv. Dominika 4
(voir p. 49)
T. l. j. 9h-17h
Accès payant.

Franjevački samostan

Difficile de dire ce qui est le plus délicieux dans le cloître du monastère franciscain : le jardin avec les palmiers, les bordures de buis et les orangers ? Ou les chapiteaux romans des 120 colonnettes qui portent les arcades ? C'est vrai qu'ils sont finement ornés de dragons ailés, de petits chiens et de figures grotesques…

Les chapiteaux

Prenez, par exemple, le chapiteau de la 2e colonnette qui fait face à l'entrée. Certains voient dans ce visage à la joue gonflée l'autoportrait du sculpteur, Mihoje Brajkov alias Michel de Bar : à l'époque, il souffrait, dit-on, d'une rage de dent. Autre curiosité : le tableau de la galerie nord. Il montre bien la ville de Raguse avant le séisme de 1667.

La pharmacie

Juste à côté du cloître, dans la salle du chapitre, se trouve le petit musée du couvent. Bien sûr, vous ne pourrez pas y consulter le livre de *secreta* contenant la recette de l'élixir de longévité concocté par les frères mineurs : il est jalousement conservé à l'intérieur de leur bibliothèque. En revanche, vous y verrez les ravissants pots en majolique de leur ancienne pharmacie (il y en a 43 !), une collection de pièces d'orfèvrerie ragusaine des XVIIe-XIXe s. et plusieurs ouvrages, dont le traité de Getaldić (p. 27) et la première copie du fameux *Osman* composé par Gundulić. Lequel est justement inhumé dans l'église attenante.

L'église

Retenez surtout, ici, la belle pietà des frères Petrović qui surmonte le portail depuis 1499 : à la différence des tableaux de Titien et Caravage qui décoraient l'intérieur de l'église, elle a miraculeusement survécu au séisme. Les autels sont plus tardifs : ils ont été conçus, pour cinq d'entre eux, par l'un des grands architectes de la Venise baroque, le Tessinois Giuseppe Sardi (1624-1699).

COORDONNÉES

Franjevački samostan
Placa 2
(voir p. 44)
☎ 020 321 410
T. l. j. 9h-17h
Accès payant
Église (crkva Male Braće) : vis. possible en dehors des messes (lun.-sam. 7h et 19h, dim. 7h, 9h30, 11h et 19h).

Arboretum Trsteno

Avec ses 25 hectares d'arbres centenaires et de parfums enivrants, Trsteno est le plus ancien jardin de Croatie et un joyau de la Riviera de Dubrovnik. Sa visite devrait vous aider à vous faire une petite idée du mode de vie des aristocrates ragusains au XVIe s.

« Arcadia »

Ivan Marinov Gučetić avait toutes les raisons d'être fier de la résidence d'été qu'il fit bâtir en 1494 sur ses terres de Trsteno : elle fut la première, sur le littoral ragusain, à adopter le style de la Renaissance. La première aussi à privilégier ainsi la vue sur la mer. On comprend qu'un cadre aussi idyllique ait pu, quelques années plus tard, inspirer à Nikola Vitov Gučetić des *Dialogues sur la beauté et sur l'amour* (ils seront publiés à Venise en 1581). Le philosophe et humaniste, qui comparait sa villa à celles de l'Arcadie, aimait y recevoir ses amis érudits et poètes.

Le jardin

La présence d'une source naturelle permit à Ivan Marinov de planter – sur les 400 terre-pleins qu'il avait fait aménager – des citronniers et du romarin, du laurier-rose et de la lavande. Au fil des siècles, ce jardin dalmate s'est enrichi de nombreuses plantes exotiques (38 % viennent d'Asie) mais a conservé sa structure première, typique de la Renaissance ragusaine : des murets bas, des pergolas de vigne, un cabinet de verdure… Enchanteur !

Les fabriques

De toutes les constructions qui jalonnent l'arboretum, la plus remarquable est le pavillon qui « encadre » l'île de Lopud. Le panorama est si somptueux que l'on en oublierait presque de rendre visite au vieux pressoir à olives *(mlinica)* et à la fontaine de Triton, de 1736… Dans le parc attenant, en partie incendié par l'artillerie yougoslave en 1991, on découvrira de fausses ruines qui ménagent elles aussi de beaux points de vue sur les Élaphites et le port de Trsteno, en contrebas.

COORDONNÉES

Arboretum Trsteno
Trsteno
(voir p. 31)
☎ 020 751 019
T. l. j. 8h-15h (sept.-avr.),
7h-19h (mai-oct.)
Accès payant.

Kneževdvor

Le palais des Recteurs n'est pas, comme on le dit parfois, un palais des Doges en miniature. C'est un édifice élégant, au faste mesuré, qui reflète bien l'esprit de la République et servit longtemps de référence aux constructions privées ragusaines. Le recteur y vivait seul, un mois durant, et ne pouvait en sortir que le temps d'une cérémonie officielle, escorté de vingt-quatre hérauts.

Le portique

Il est le fruit de deux interventions : celle du Napolitain Onofrio della Cava, qui lui a donné son style gothique tardif (1436), et celle du Florentin Salvi di Michele qui lui a apporté une touche Renaissance (1468). L'élément le plus original ? Le décor des chapiteaux : sculpté dans la pierre de Korčula par le Milanais Pietro di Martino, il illustre le thème du bon gouvernement et les hautes qualités morales des patriciens de Raguse. Joli heurtoir en bronze (1691).

L'atrium

La cour carrée est fort séduisante, elle aussi. Avant de monter au 1er, jetez un œil sur l'office notarial – les actes étaient archivés dans des armoires peintes par Andrea Pignatelli (1780) – et sur les cachots, notamment la cellule « dragon » où l'on enfermait les criminels les plus endurcis. Le buste, au pied de l'escalier, est celui de l'armateur Miho Pracat (p. 15) qui en 1607 légua sa fortune à l'État ragusain.

Le 1er étage

S'il n'avait pas été pillé (par les troupes de Napoléon, entre autres…), l'appartement du recteur aurait encore ses cuirs dorés d'Espagne, ses tapisseries en damas de Crémone et son mobilier d'origine. On se consolera en admirant : les chaises à porteurs, mode de déplacement favori des femmes de la noblesse ragusaine au XVIIIe s. (salle 1); le *Baptême du Christ* de Mihajlo Hamzić (p. 21), le cabinet en ivoire et écaille de tortue de l'atelier de Luca Giordano, même s'il est un tantinet chargé (s. 5) et enfin, salle 7, le tableau de Carlo Maratta, *Sainte Famille avec saint Philippe*. Charmant !

COORDONNÉES

Kneževdvor
☎ 020 321 422
(voir p. 50)
T. l. j. 9h-18h
Accès payant.

Katedrala

Le 6 avril 1667, peu après 8 heures du matin, Raguse fut la proie d'un effroyable tremblement de terre. La mer se retira du port. Des rochers tombèrent du mont Saint-Serge. La ville entière prit feu. La cathédrale s'effondra. Après un demi-siècle de travaux, l'inauguration de la nouvelle cathédrale fut vécue comme une résurrection : ce jour-là (1713), tous les Ragusains, rassemblés derrière les reliques de saint Blaise, entonnèrent le *Te Deum*.

Un nouveau style

À coup sûr, la façade dut leur faire une forte impression. Pour un peu, en effet, on se croirait à Rome : il y a une suite baroque de piliers et colonnes à chapiteaux corinthiens comme à Santa Susanna, des tympans alternativement triangulaires et cintrés comme à Sant' Andrea della Valle… ! Les statues, elles, sont d'un sculpteur de Korčula, Marin Radica. Elles représentent saint Joseph à gauche et saint Blaise à droite.

Côté tableaux

Saint Blaise, le protecteur de Dubrovnik (p. 19), figure aussi à l'intérieur de la cathédrale, sur le panneau gauche du polyptyque de l'*Assomption* que Titien a peint vers 1550, à l'exception des panneaux supérieurs, attribués à son frère Francesco. Au début du XVIIe s., le Vénitien Padovanino tenta de retrouver l'esprit de Titien mais ses quatre compositions bibliques qui ornent les murs latéraux du chœur sont assez ternes : on peut leur préférer…

Le saint trésor

… la *Madone à la chaise.* Cette charmante réplique du chef-d'œuvre de Raphaël est conservée dans le « trésor » de la cathédrale – un cabinet qui ruisselle d'or et d'argent, tant il renferme de calices et de reliquaires (il y en avait 182 selon un inventaire de 1945 !), réalisés pour beaucoup d'entre eux par des orfèvres ragusains. La pièce la plus célèbre, toutefois, est byzantine : il s'agit du reliquaire du chef de Blaise, qui a la forme d'une couronne et date du XIe s.

COORDONNÉES

Katedrala
Poljana Marina Drzića
(voir p. 51)
seul l'accès au trésor – *riznica* – est payant (10 kn).

Séjourner mode d'emploi

Hébergement

La Dalmatie méridionale est une destination à la mode et la gamme proposée, en matière d'hébergement, très variée : il existe aussi bien des hôtels-club « tout compris », avec pension complète et animations autour de la piscine (par ex. : l'Iberostar Albatros de Cavtat, Od Zala 1, ☎ 020 471 333), que des maisons « Robinson » pour les plus solitaires. Si le cœur vous en dit, il est même possible de dormir dans un phare ! Seul le camping sauvage est strictement interdit.

SE REPÉRER

Nous avons indiqué à la suite de chacune des adresses du chapitre Séjourner sa localisation sur le plan placé à la fin du guide.
Voir aussi l'encadré « Rappel » p. 39.

Hôtels

Notez que bon nombre d'entre eux font relâche en hiver. Actuellement, Dubrovnik dispose de 30 hôtels – dont 19 en catégorie 3 étoiles – et semble vouloir privilégier, pour les années à venir, un tourisme plus « haut de gamme ». Le Bellevue (Pera Čingrije 7, www.hotel-bellevue.hr) et le Libertas Rixos (Liechtensteinov put 3, www.rixos.com) – tous deux en reconstruction – seront des 5 étoiles. Les établissements 4 étoiles, comme le Villa Dubrovnik ou le Villa Wolff (Nika i Meda Pucića 1, ☎ 020 438 710, www.villa-wolff.hr), sont peu nombreux mais assez plaisants. Ne soyez pas trop surpris(e) par le style architectural des grands complexes touristiques, situés pour la plupart sur la presqu'île de Lapad : ils ont été bâtis dans les années 1970.

Chambre chez l'habitant

Consultez le site www.dubrovnik-apartment.com (cliquez sur *private accomodation*), adressez-vous

à l'office du tourisme ou à une agence de voyages locale (vous pourrez y faire votre choix sur catalogue). Autre solution : traquez les panneaux *sobe* ou *rooms* dans la vieille ville ou aux abords immédiats ! Il y en a beaucoup à Pile – dans la rue Od Tabakarije par ex. – et sur les hauteurs de Ploče, un quartier sympa si vous ne redoutez pas les escaliers et si vous voyagez léger (les ruelles de Dubrovnik – cela vaut aussi pour Lopud ou Korčula – n'ont été conçues ni pour les poussettes ni pour les valises à roulettes). Notez que la salle de bains, souvent, est à partager avec 2 ou 3 autres chambres. On trouve aussi de nombreux appartements de 25, 30 ou 80 m^2 avec kitchenette (par ex. juste à côté du Hilton : Villa San, Tiha 2, ☎ 020 41 18 84, www.villa-san.com).

Prix

Les hôtels affichent leurs tarifs en kuna et en euros. Pour ne pas avoir de surprise, assurez-vous qu'ils comprennent bien le petit déjeuner ainsi que la taxe de séjour (*boravišna pristojba* : 7 kn par personne et par jour en saison III). Il existe 3 saisons : la *sezona I* (jan.-mars et nov.-déc.), la *sezona II* (avr., mai et oct.) et la *sezona III* (juin-sept.) qui est de loin la plus chère (en juil.-août, une chambre à 850 kn passe à 1 400 kn). Les prix varient aussi en fonction de l'exposition – vue mer frontale (*pogled more*), vue mer latérale (*morska strana*), avec ou sans balcon… – et de la durée du séjour : en cas de séjour inférieur à 3 nuits, ils peuvent être majorés de 10 % (voire 30 % chez l'habitant). Certains établissements (l'Odisej à Mljet, par ex.) offrent des réductions pour les familles avec 2 enfants. Comptez 40 € pour un studio à Saplunara (www.stermasi.hr).

Réservation

Pensez à réserver votre chambre le plus tôt possible ! C'est indispensable si vous envisagez de séjourner à Dubrovnik en juillet-août. Et fortement recommandé en juin et en septembre. Vous pouvez passer par les services de votre agence de voyages, prendre directement contact avec l'établissement de votre choix (confirmez par internet ou mieux par fax) ou réserver par l'intermédiaire de l'office du tourisme de la ville de Dubrovnik :
Turistička Zajednica Grada Dubrovnika,
Cvijete Zuzorić 1/2
2000 Dubrovnik
☎ 020 323 887 ou 889
F 020 323 725
info@tzdubrovnik.hr

« Robinsonnade »

Vous rêvez d'une vraie coupure avec le monde extérieur ? Certains voyagistes comme Bemex ou Croatie Tours louent pour un week-end ou un court séjour des « maisons Robinson » dans l'île de Korčula. Situées loin du rush balnéaire, ces anciennes cabanes de pêcheurs au confort spartiate – il y a tout de même l'électricité solaire, une citerne d'eau et un barbecue pour griller le rouget – ne sont souvent accessibles qu'en barque. Un bateau-épicerie assure le ravitaillement. On trouve aussi des phares à louer (sur l'île de Lastovo, par ex.). Solitude et silence garantis !

Restaurants

Quelques conseils : 1°) évitez les « attrape-touristes » de la rue Prijeko, sauf si vous tenez absolument à garder un mauvais souvenir de Dubrovnik. Leurs bouillabaisses sont infâmes et leurs fromages caoutchouteux. Tâchez plutôt de décrocher une table chez Sapur, Dubrovački Kantun ou Sesame… : ils cuisinent bien et ne sont pas de ceux qui, à l'approche de l'été, doublent les prix ou diminuent les portions ;

2°) le service est lent ; tenez-en compte si vous avez un bateau à prendre et armez-vous de patience ! 3°) la plupart des restaurateurs facturent le poisson au poids ; il vous appartient donc d'estimer à l'avance votre appétit (250 g par personne ?) ; 4°) il existe peu de petits restaurants « sur le pouce » à Dubrovnik, en dehors des pizzérias : vous trouverez des *burek* chez Niko (p. 119), des sandwichs chez Delfin II (Lučarica, t. l. j. 9h-20h), des salades au self l'Express (angle Marojice Kaboge et Između Polaca, ouv. 10h-15h) et quelques tartines toastées chez Orhan (p. 94) ; 5°) si vous êtes satisfait(e) du service, laissez un pourboire !

Hôtels

1 - Villa Dubrovnik
2 - The Pucić Palace
3 - Stari Grad
4 - Hilton Imperial

Vieille ville

The Pucić Palace★★★★★

Od Puča 1 (B4)
☎ 020 326 200
Ⓕ 020 326 223
www.thepucicpalace.com
De 1 975 (hiver) à 3 470 kn (été).

C'est cher, c'est vrai, mais l'ex-palais des illustres patriciens ragusains Pucić, aujourd'hui métamorphosé en hôtel, n'a pas volé ses 5 étoiles. Le service est courtois, la déco des 19 chambres et suites est élégante : on dort ici sous de hauts plafonds, entre des meubles du meilleur goût et des rideaux à ramages bleu nuit sur fond or. Les salles de bains en mosaïque ont des savons Bulgari et des *tubs* à l'ancienne… L'occasion de s'offrir une petite folie ?

Stari Grad★★★

Od Sigurate 4 (A3)
☎ 020 322 244
Ⓕ 020 321 256
www.hotelstarigrad.com
De 850 (hiver) à 1 400 kn (été).

Depuis 2003, la vieille ville dispose enfin d'un 3 étoiles de charme. Aménagé à l'intérieur d'une maison de la noblesse ragusaine (elle appartenait aux Drašković), le Stari Grad ne compte que 8 chambres en tout, mais elles sont cosy et la terrasse, où l'on peut prendre le ptit-déj en été, offre une jolie vue sur les toits de tuiles rousses. Supplément de 10 % pour les séjours de moins de 3 nuits.

Ploče

Excelsior★★★★★

Frana Supila 12 (E3)
Lignes 5 ou 8
arrêt Argentina
☎ 020 353 353
Ⓕ 020 353 555
www.hotel-excelsior.hr
De 1 160 (hiver) à 1 950 kn (été).

On ne présente plus l'Excelsior : ce prestigieux hôtel où de nombreuses personnalités – Onassis, Richard Burton, Ivana Trump... – ont eu l'occasion de séjourner était, en 1998, le premier 5 étoiles de Croatie. Le décor des 154 chambres et 18 appartements est soigné, le personnel attentionné : ici, on pense même à retirer les oursins des rochers pour vous éviter de vous piquer les pieds... !

Grand Villa Argentina★★★★★

Frana Supila 14 (E3)
Lignes 5 ou 8
arrêt Argentina
☎ 020 440 555
Ⓕ 020 432 524
www.gva.hr
2 280 kn de juin à sept.
(1 750 kn le reste de l'année).

Autre fleuron de l'hôtellerie croate, le Grand Villa, qui a eu lui aussi son lot de VIP (Maria Callas, Herbert von Karajan...) se compose aujourd'hui de 4 villas – dont l'exquise Shéhérazade, hors de prix (6 000 €/jour !) mais si glamour – et d'un bâtiment moderne, l'Argentina proprement dit, plus abordable. À défaut d'y loger, offrez-vous au moins le luxe d'un déjeuner sur la terrasse : la vue sur les pins de Lokrum est inoubliable !

Villa Dubrovnik★★★★

Vlaha Bukovca 6 (E3)
☎ 020 422 933
Ⓕ 020 423 465
www.villa-dubrovnik.hr
De 1 375 (avr.) à 2 020 kn (été).

Jouer les Crusoé à Dubrovnik, c'est possible ! Le « VD » qui se terre au pied d'un escalier ombragé, à 1,5 km de la porte de Ploče, est un havre de paix et – de tous les 4 étoiles de la côte – notre petit préféré. Il a 40 chambres offertes au soleil et au murmure de l'eau, un bar attachant (p. 55) et un service de bateau pour le vieux port. Demi-pension obligatoire du 15 juil. au 15 sept. (30 €/personne).

Pile

Hilton Imperial★★★★★

Marijana Blazića 2 (D2)
Lignes 1, 3, 4, 6 ou 9
arrêt Pile
☎ 020 320 320
Ⓕ 020 320 220
www.dubrovnik.hilton.com
Autour de 2 065 kn.

Voici une base idéale pour rayonner dans Dubrovnik ! Situé à 100 m à peine de la porte de Pile, le vénérable Imperial – il date de 1897 – avait beaucoup souffert en 1991 mais vient de panser ses blessures. Désormais, il marie avec brio le style fin de siècle et la haute technologie pour faire de ses 147 chambres une oasis de confort aux tons méditerranéens. Jolie piscine et excellent restau (p. 94).

Lapad

Lapad★★★

Lapadska obala 37 (B1/C1)
Lignes 6 ou 9 arrêt Lapad
☎ 020 432 922
Ⓕ 020 417 230
www.hotel-lapad.hr
De 420 (avr.) à 760 kn (juil.-août).

À 4 km de la vieille ville, face au port de Gruž, un hôtel assez charmant, doté d'une petite piscine en plein air et de 194 chambres réparties entre une grande bâtisse à la façade un peu vieillotte – elle date du début du XXe s. – et une annexe récente avec balcons. Le petit plus ? Le bateau de l'hôtel peut déposer les clients qui le souhaitent à la plage ou au marché de Gruž (p. 117).

Petka

Dubrovnik Palace★★★★★

Masarykov put 20 (A2)
Ligne 4 arrêt Hotel Palace
☎ 020 430 000
Ⓕ 020 430 100
www.dubrovnikpalace.hr
« Superior » de 1 370 à 2 765 kn.

À celles et ceux qui seraient d'humeur « cocooning », on recommande ce palace inauguré en 2004 par le président croate en personne. Bien sûr, c'est onéreux – la suite « de luxe » tourne autour de 730 € – mais sa cascade de chambres tout confort avec balcon, écran plat et peignoirs de bain est un miracle de quiétude. En prime, des couchers de soleil assez spectaculaires.

Uvala★★★★

Masarykov put 6 (B2)
Ligne 4 arrêt Uvala
☎ 020 433 580
Ⓕ 020 433 590
À partir de 860 kn.

Un esprit chagrin vous fera remarquer que la route le sépare de la mer, mais le dernier-né (2004) de la chaîne Hotelimaestral est loin d'être banal : conçu dans les moindres recoins par l'architecte splitois Dinko Kovačić, il joue en effet la carte du contemporain et du bien-être avec un hall minimaliste, 51 chambres design non-fumeur pour certaines, un espace balnéo, des plats diététiques… Sympa.

Splendid★★★

Masarykov put 10 (B2)
Ligne 4 arrêt Splendid
☎ 020 433 560
Ⓕ 020 435 570
www.hotelimaestral.com
De 318 à 650 kn.

Vous préférez dormir au plus près de l'eau, dans les senteurs d'un jardin de l'Adriatique ? Optez pour le Splendid. Plus modeste mais plus avantageux, ce complexe constitué de deux corps de bâtiment (le plus ancien remonte à 1935) cache ses 59 chambres et son court de tennis derrière un aimable rideau de pins et de cyprès. En prime, un restaurant spécialisé dans les coquillages et crustacés : le Glorijet. Bon accueil.

Vis★★★

Masarykov put 4 (B2)
Ligne 4 arrêt Hotel Vis
☎ 020 433 555
Ⓕ 020 433 550
www.hotelimaestral.com
De 275 à 550 kn.

Dans la même catégorie, il y a aussi, au milieu des pins et des oliviers, le Vis (de son vrai nom Vis I, par opposition à l'ex-hôtel Vis II désormais affecté à des réfugiés de Bosnie-Herzégovine). Véritable invitation à la baignade, il est doté de 136 chambres climatisées, dont beaucoup ont vue sur la baie, et d'un restau judicieusement posé au bord de la plage (privée). Au menu : salade de poulpe à la mode de Šipan, crème aux coquillages, filet de bar à la dalmate… Excellent rapport qualité/prix.

Sumratin

Kompas★★★

Šetalište Kralja Zvonimira 56 (B1)
Lignes 5 ou 6 arrêt Pošta Lapad
☎ 020 352 000
Ⓕ 020 435 877
www.hotel-kompas.hr
De 600 (hiver) à 1 426 kn (été).

Cet hôtel bâti à flanc de colline accueille beaucoup de groupes durant l'été mais il a plusieurs atouts : il est ouvert toute l'année, il est situé juste à l'entrée de la ravissante promenade Nika i Meda Pucića et – ce qui ne gâte rien – ses 115 chambres offrent une déco honnête à des tarifs plutôt raisonnables. Seules les 54 doubles *pogled more* – face à la mer – sont un peu plus chères : comptez 1 426 kn en juin, juil. et août pour surplomber l'anse de Sumratin et sa plage (publique).

Zagreb★★★

Šetalište Kralja Zvonimira 27 (B1)
Lignes 5 ou 6 arrêt Pošta Lapad
☎ 020 436 146
Ⓕ 020 436 006
www.hotels-sumratin.com
De 350 (mars, oct.) à 570 kn (été).

Vous avez un faible pour le style rétro et mitteleuropéen ? Le Zagreb devrait vous plaire ! Le charme de cet hôtel de 1922, situé à quelques enjambées seulement de la plage de Sumratin, tient beaucoup à ses palmiers et à son badigeon de vieux rose mâtiné d'abricot. L'intérieur, relooké dans le style yougoslave des années 1970, était plus ingrat mais vient d'être correctement rénové. Résultat : 23 chambres avec douche, simples mais plaisantes.

Babin Kuk

Dubrovnik President★★★★

Iva Dulčića 39 (A1)
Lignes 6 ou 7 arrêt Dubrava
☎ 020 441 100
Ⓕ 020 435 600
www.babinkuk.com
De 1 160 kn (mars, nov.) à 2 250 kn (été).

De prime abord, vu d'avion surtout, on se demande quel est l'étourdi qui a bien pu délivrer le permis de construire ! Mais une fois à l'intérieur, on révise son jugement : ce que l'on prenait pour un vilain clapier en béton a un petit air de transatlantique.

1 - *Grand Villa Argentina*
2 - *Hilton Imperial*
3 - *The Pucić Palace*
4 - *Uvala*

En tout cas, il a les pieds dans l'eau. Ses 181 chambres, décorées dans un style années 1970 pour les « standard », design pour les « supérieur », ont toutes une vue imprenable sur la mer. Et la plage est desservie par un incroyable ascenseur panoramique.

Argosy★★★

Iva Dulčića 41 (A1)
Lignes 6 ou 7 arrêt Dubrava
☎ 020 446 100
🅕 020 435 578
www.babinkuk.com
De 310 (mars, oct.) à 730 kn (été).

Argosy est le nom que les Anglais donnaient à Raguse au XVIe s. Mais l'hôtel Argosy, lui, est tout à fait moderne (il a même été rénové en 2002) et compte 308 chambres doubles de 24 ou 27 m², au confort standard, dont les balcons donnent sur la pinède ou sur l'île de Daksa. Le hall, avec ses fauteuils bas, n'est pas désagréable et « la » plage de Copacabana n'est qu'à 300 m.

Neptun★★★

Kardinala Stepinca 31 (A1)
Ligne 5 arrêt Hotel Neptun
☎ 020 440 100
🅕 020 440 200
www.hotel-neptun.hr
De 437 (mars, nov.) à 733 kn (été).

Vous ne pouvez pas le rater : planté tel un phare au bout de la péninsule, cet hôtel moderne qui figure au catalogue de nombreux tour-opérateurs est l'édifice le plus haut de toute la pinède (10 étages !). Certes, la déco de ses 146 chambres et 12 suites mériterait d'être un chouïa plus romantique. Cela étant, la vue sur la mer est à tomber et il y a, au pied de l'immeuble, deux piscines extérieures et une plage classée « pavillon bleu ».

Boninovo

Youth Hostel

Vinka Sagrestana 3 (accès par le n° 15-17 de la Bana Josipa Jelačića – C2)
Lignes 1, 2, 3, 6, 7 ou 9 arrêt Boninovo
☎ 020 423 241
🅕 020 412 592
De 80 (hiver) à 120 kn (août).

Une solution commode pour ne pas avoir à casser sa tirelire ? L'AJ de Dubrovnik, stratégiquement située à mi-chemin entre le port de Gruž et la vieille ville, à 200 m de la plage de Boninovo et des bars de la Bourbon Street chère aux noctambules. Accessible à tout le monde, sans limite d'âge (il y a juste un petit supplément pour les non-membres YH), elle dispose de 82 lits, en chambre de 4 ou 6 lits, mais affiche souvent complet : il est donc conseillé de réserver à l'avance sur www.hfhs.hr.

Restaurants

1 - Café Royal
2 - Poklisar
3 - Labirint
4 - Sapur

Dans notre sélection, nous avons attribué 1 ★ aux restaurants dont le plat principal n'excède pas 60 kn, 2 ★ lorsqu'il est compris entre 60 et 100 kn, 3 ★ s'il est facturé plus de 100 kn.

Vieille ville

Café Royal★★★

The Pucić Palace
Gundulićeva poljana (B4)
☎ 020 326 200
T. l. j. 12h-23h.

Sitôt la fin du marché (p. 116), l'élégant restaurant de l'hôtel Pucić annexe une partie de la place Gundulić pour vous régaler de mets qui fleurent bon la mer – il s'est fait une spécialité de la soupe aux galets de l'Adriatique – et le potager, tendance « nouvelle cuisine », avec des portions peu généreuses mais très délicates : le carpaccio de poulpes aux tagliolini est rehaussé d'une subtile vinaigrette à la truffe et au miel (65 kn), la terrine de foie gras et artichauts d'un léger chutney de mangues (90 kn). Notez que vous pouvez aussi vous réfugier à l'intérieur du Café Royal : sous la frise de blasons peints, tout se passe dans le meilleur des mondes possibles. Musique douce, oscillant entre Luciano Pavarotti et Fred Astaire.

Sapur★★

Gundulićeva poljana 2 (B4)
☎ 020 324 572
T. l. j. 9h-1h.

On le sait peu tant il est discret, mais ce caveau très étroit, au décor neutre et sobre, est l'une des meilleures tables de Dubrovnik. Vous pouvez d'ailleurs lire et relire sa carte dans tous les sens : il n'y a là aucune faute de goût. Ses brochettes de crevettes sont un délice, tout comme ses crêpes nappées d'une crème de limette. Il y a des brindilles de romarin dans la mie du pain bis et un nuage de miel et de graines de pavot sur la figue servie en amuse-gueule. Bref : Sapur est un poème à lui tout seul. Il vous faudra juste choisir entre l'intérieur (3 tables), l'extérieur (une dizaine sous des parasols) et les nombreuses huiles d'olive en provenance des îles de Mljet, Šipan, Korčula...

Dubrovački Kantun★★

Boškovićeva 5 (B3)
☎ 020 331 911
Lun.-sam. 11h30-16h et 18h30-22h.

Voici un petit local au décor chaleureux et bucolique – quelques livres posés sur une étagère, un passe-plat où pendent des guirlandes d'oignons... – que l'on fréquentera sans modération pour ses prix sages et le talent de son chef : non seulement Andrej di Leo a l'art d'accueillir ses hôtes avec bonne humeur, mais il leur concocte une cuisine aussi simple que succulente à partir de produits frais du terroir. Résultat : ici, le poulet à la roquette, relevé d'une once d'ail, fond à plaisir sous la langue. Sept tables.

Labirint★★★

Sv. Dominika 2 (B3)
☎ 020 322 222
T. l. j. 11h-minuit.

Disons-le franchement : les prix sont limite déraisonnables ! Cela dit, ce n'est pas non plus tous les jours que vous aurez l'occasion de déguster une assiette de fromage de Pag, jambon fumé, olives et mousse de gorgonzola (150 kn) sur un chemin de ronde du XIIIe s... Encore faut-il réussir à y décrocher une table, car le Labirint, qui occupe la vénérable tour Saint-Luc, est souvent pris d'assaut, les soirs d'été, par de riches yachtmen en goguette !

Proto★★★

Široka 1 (A3)
☎ 020 323 234
T. l. j. 11h-23h.

Comme votre week-end risque d'être très *riba i plodovi mora* (« poissons et fruits de mer »), mieux vaut savoir où déguster les meilleurs. Certes, ce restau est cher – il faut tabler sur 400 kn par personne pour y dîner – mais la terrasse à l'étage est bien agréable et les petits plats que le chef Pero Radulović prépare d'après de vieilles recettes dubrovnikoises ne manquent pas de sel. Formule déjeuner léger de 11h à 18h. Réservation fortement recommandée.

Poklisar★

Ribarnica 1 (B4)
☎ 020 322 176
T. l. j. 11h-23h.

Un *poklisar*, autrefois, c'était un émissaire de la République de Raguse en Bosnie ou en Turquie. Aujourd'hui, c'est une cantine honnête et décontractée du vieux port où les moules au vin blanc (33 kn) partagent la vedette avec des brochettes de crevettes servies sur un risotto au fromage bleu. Il y a un pianiste en soirée et, pour celles et ceux qui seraient las(ses) de la faune des mers, des *domaći njoki sa gorgonzolom i rikulom* (« gnocchi au gorgonzola et roquette »).

Defne★★★

Od Puča 3 (B4)
(accès par la rue Marojice Kaboge ou par le Pucić Palace)
☎ 020 326 222
Mai.-sept. t. l. j. 19h-23h.

Imaginez, suspendu au-dessus des rues de la vieille ville, un salon

feutré où l'on pourrait dîner au clair de lune dans le parfum des lauriers. Cette oasis de charme existe bel et bien : il s'agit d'une annexe du Pucić Palace et de l'un des secrets les mieux gardés de Dubrovnik. Ozgur Donertas, qui officie à côté de l'ex-chapelle familiale des Pucić, y distille avec doigté les saveurs de Chypre et de l'Orient : ici, un assortiment de *mezze* joliment troussés (65 kn) ; là des falafels au raki et melon ; ailleurs un poulet « topkapi » au safran et aubergines adroitement grillées (105 kn). C'est convaincant et inattendu. Réservation recommandée.

Dubrovnik★★

Marojice Kaboge 5 (B4)
☎ 091 2000 806
T. l. j. 9h-minuit.

Durera, durera pas ? En tout cas, ce nouveau restau a eu la bonne idée d'aligner ses fauteuils houssés de blanc sur un toit plat à l'italienne. Résultat : on peut dîner à la fraîche, autour d'une fontaine, de spécialités marines – filet de Saint-Pierre, poisson du jour, langouste (470 kn le kg)... – servies avec beaucoup d'application sur une musique un peu sirupeuse. Les gourmands aventureux commanderont une *hladna krema od rogača* (« crème froide de caroube ») ou une *prekomurska gibanica* (« chausson au pavot et potiron »).

Dundo Maroje★

À l'angle de Placa et Kovačka (B3)
☎ 020 321 021
T. l. j. 11h30-23h.

En v.f. « Oncle Maroje ». Cette taverne qui porte le titre d'une pièce de Marin Držić – célèbre auteur comique du XVIe s. (p. 26) – sert à toute heure une cuisine dalmate qui ne s'embarrasse pas de fioritures mais va droit au but avec des salades de poulpes, des calmars grillés, et une assiette végétarienne (55 kn), qui se défend assez bien même si elle n'est pas aussi enjouée que la pièce de Držić ! À signaler, côté vins, le krauthaker de Slavonie et le pošip de Korčula.

Ploče

Banje★★

Frana Supila (E3)
Lignes 1, 3, 4, 6 ou 9 arrêt Pile
☎ 020 412 220
Lun.-ven. 17h-1h, le w.-e. 10h-1h.

Son atout n° 1 ? Son emplacement ! Situé entre l'hôtel Excelsior et les Lazareti, le Banje est un restau de plage branchouille et vaguement postmoderne qui a les pieds dans le sable. L'adresse idéale autrement dit pour dîner face à la mer d'une darne de saumon à la dalmate (100 kn) ou de tagliatelles au noir de seiche. Le service, lent, devrait vous laisser le temps de goûter à la bande-son, très sympa.

Pile

Nautika★★★

Brsalje 3 (D3)
Lignes 1, 3, 4, 6 ou 9 arrêt Pile
☎ 020 442 526
T. l. j. 12h-minuit.

Il a plusieurs cordes à son arc : une formule « déjeuner léger » de midi à 16h, un business lunch à 39 € et surtout une miniloggia au premier étage pour les déjeuners intimes et glamour. La vue sur l'anse de Pile y est si incroyable que pour un peu on grignoterait d'une fourchette distraite le steak de thon au vinaigre balsamique (236 kn) préparé par Nikola Ivanisević. Ce qui serait dommage car le chef ne manque pas de talent. Supplément pour le couvert : 30 kn.

Porat★★★

Marijana Blazića 2 (D2)
Lignes 1, 3, 4, 6 ou 9 arrêt Pile
☎ 020 320 320
T. l. j. 12-15h et 19h-22h.

Autre valeur sûre : le restaurant de l'hôtel Imperial (p. 89). ertes, il n'a pas la « vue sur mer » mais sa verrière est agréablement climatisée et sa carte, plus abordable que celle du Nautika, a le don d'éveiller les papilles avec un bel assortiment de fromages de l'île de Pag (85 kn) et un lapin farci de câpres, olives noires et poivron de Lombardie. À tester : la *puina,* sorte de ricotta qui se déguste avec une confiture de figues. Service attentionné et ultrasouriant.

Orhan★

Od Tabakarije 1 (D3)
Lignes 1, 3, 4, 6 ou 9 arrêt Pile
☎ 020 414 183
T. l. j. 11h-minuit.

Entre les moules à la dalmate (45 kn) et les *škampi na buzaru* (120 kn), la cuisine d'Orhan, poissonneuse pour l'essentiel, ne sort guère des sentiers battus. Pourtant, il y a dans cette auberge, qui pourrait n'être qu'un piège à touristes en mal d'iode, un je-ne-sais-quoi d'honnête. Les ingrédients sont frais et le cadre authentique : une pergola blottie au pied du fort Lovrijenac, face à quatre canots amarrés à une petite cale – une adresse toute simple, au fond, qui ne se la raconte pas. Et qui ne force pas la note.

Lapad

Taverna Maslina★★

Dubrovnik Palace
Masarykov put 20 (A2)

1 - Café Royal
2 - Mea Culpa
3 - Dundo Maroje
4 - Taverna Maslina

Ligne 4 arrêt Hotel Palace
☎ 020 430 000
T. l. j. 12h-23h.

On n'y pense pas toujours mais il y a à l'intérieur de ce palace (p. 89) un restaurant inventif qui séduit par son cadre épuré, ses assaisonnements justes et ses cuissons parfaites. À la carte : du poisson apprêté selon vos désirs (390 kn le kilo), une crème brûlée au coco et gingembre et bien d'autres mets qui se savourent devant la mer, à la lueur des chandelles. Idéal pour un tête-à-tête romantique.

Sur le pouce

Mea Culpa★

Za Rokom 3 (A3)
☎ 020 323 430
T. l. j. 8h-minuit.

Voici un pub peu cher, bon enfant et plein d'entrain, où l'on sert à toute heure de la journée, à l'intention des gros appétits, d'excellentes pizzas – les meilleures de la ville, en fait – sur fond de bonne musique (il faut dire qu'ils ont derrière le comptoir tout un mur de CD...). Celles et ceux qui se soucient de leur ligne éviteront tout de même les *piroške* : ces pantagruéliques chaussons fourrés au fromage et à la crème fraîche ne coûtent que 40 kn mais... ce sont de vraies bombes de lipides ! Clientèle jeune, locale et anglo-saxonne.

MAIS AUSSI

D'autres établissements se mettent en quatre pour soigner l'épicurien(ne) qui sommeille en vous ! C'est le cas du très réputé Orsan tenu par la famille Gverović, que pourront tester les gourmets motorisés (il est situé à Zaton Mali – 7 km au N.-O. de Dubrovnik – et ouvre ses portes t. l. j. de mai à oct., ☎ 020 891 267). Citons également, parmi les restaurants que vous croiserez au cours de vos promenades : l'Arsenal et la Lokanda Peskarija sur le vieux port (p. 46-47), la Tovjerna Sesame dans le quartier de Pile (p. 56), le Levanat au bout de Babin Kuk et le Rajski vrt dans l'île de Lokrum (p. 60).

Cafés, glaciers

1 - Sladoled Kiwi
2 - Smoothie Bar
3 - Kavana Dubravka
4 - Café Festival

Cafés

Café Festival

À l'angle de Placa et de Celestina Medovića (A3)
☎ 020 321 148 ou 420 888
T. l. j. 8h30-20h.

Si vous êtes sensible au style « bistro », optez pour le Festival, situé juste à côté de l'office du tourisme. C'est un café décontracté où l'on peut prendre son cappuccino (14 kn) au comptoir, sur une miniestrade ou en terrasse pour mieux regarder passer le long flot des (autres) touristes. L'ambiance est bonne et il y a des magazines à feuilleter.

Gradska Kavana

Pred Dvorom 1 (B4)
☎ 020 321 065
T. l. j. 8h-1h.

Situé entre le palais Sponza et le palais des Recteurs (p. 50), le Gradska Kavana joue dans un registre plus mondain. Une clientèle de quadragénaires bon teint se relaie sur sa terrasse, face à l'église Saint-Blaise, pour papoter autour d'un *kava sa šlagom* (« café crème ») ou d'une tranche de pâte de coing *(kontonjata)*. Mais la grande salle voûtée, avec son badigeon d'orange et sa mezzanine, n'est pas désagréable non plus. Les prix, bien sûr, sont à la hauteur du quartier : 15 kn le chocolat chaud, 25 kn le frappé à la noix de coco.

Kavana Dubravka

Dr. Ante Starčevića 7 (D2)
☎ 020 416 999
T. l. j. 8h-22h.

Lui aussi est pris d'assaut durant les soirs d'été. Il faut dire que sa terrasse, à un saut de puce de la porte de Pile, ne manque pas de charme. Il n'y a déjà plus de table libre côté mer ? Prenez place à l'intérieur, entre le piano laqué crème et les photos du vieux Raguse ! Certes, c'est nettement moins spectaculaire mais vous aurez un œil sur les pâtisseries qui ont manifestement gardé le souvenir de la monarchie austro-hongroise : il y a des chaussons *(savijača)* aux pommes et aux cerises (7 kn), des *išler* (« palets au chocolat »)... Vous pourrez même vous y sustenter d'un sandwich au jambon-fromage (18 kn) !

The Bar

Marijana Blazića 2 (D2)
☎ 020 320 320
T. l. j. 8h-minuit.

Notre favori ? Le bar du Hilton Imperial ! C'est l'endroit idéal pour tous ceux qui redoutent la chaleur (il est hyperclimatisé) et voudraient étancher une petite soif dans un cadre feutré. Ils pourront y goûter différents types de cafés – amaretto, jamaïcain... – et d'eaux-de-vie dalmates parfumées au miel *(medovača)*, aux figues *(smokvovača)* ou au myrte *(mirta)* tout en rêvassant, bien assis dans un fauteuil club, devant une symphonie de rideaux rouges et orange. Snacks à toute heure et piano-bar en soirée.

Smoothie Bar

Palmotićeva 5 (A3)
☎ 098 186 7440
T. l. j. 10h-minuit de mars à nov.

Prenez 7 fraises, 1/2 kiwi, 3 cerises, 1 tranche de melon et quelques gouttes de jus d'orange, mixez-les avec des glaçons et vous obtiendrez l'une de ces boissons 100 % bio et énergisante dont raffolent les surfeurs australiens et californiens : le *smoothie*. À emporter, à siroter sur place avant de faire le tour des remparts... ou à composer soi-même avec du yaourt, du miel et de la menthe fraîche. Vous avez oublié que « fraise » se dit *jagoda* en croate ? Pas de panique ! Le monsieur qui mixe parle on ne peut mieux français : il est suisse. 15 kn les 3 dl, 19 kn les 5 dl.

Glaciers

Dolce Vita

Nalješkovićeva 1a (A3)
☎ 020 321 666
T. l. j. 9h-23h.

Ne vous attendez pas à un miracle ! Les glaces dalmates, même artisanales, n'ont pas le panache des *gelati* italiennes mais cela viendra peut-être... En attendant, vous pouvez toujours vous asseoir dans ce modeste « ice saloon » pour tester leur palette de parfums pomme verte, fruits des bois *(šumsko voće)* ou chocolat blanc *(bijela čokolada)*. Mais ce n'est pas tout : Tomislav, le proprio, a également en réserve un mariage haut en couleur, le « Jaffa Keks » – qui rappelle un peu nos Pim's à l'orange – et toutes sortes de frappés et de milk-shakes bien frais...

Sladoled Kiwi

Placa 7 (A3/B3)
☎ 020 323 943
T. l. j. 9h-1h.

À première vue, les deux glaciers – *sladoledarna* en croate – qui se partagent le Stradun proposent les mêmes parfums, au même prix : dans les deux cas en effet, vous aurez droit à une boule pour 5 kn. Mais quand on creuse un peu la question, on se rend compte qu'il y a : 1) du sorbet à la menthe, de la myrtille *(borovnica)* et de la stracciatella chez Kiwi ; 2) un peu de « Lila stars » et du chocolat aux noisettes *(gianduja)* chez Dubrovnik. Alors pourquoi plutôt Kiwi ? Parce qu'à toute heure du jour, leur staff a le sourire aux lèvres. Et ça, c'est déjà rafraîchissant...

MAIS AUSSI

Le Bistro Dubrava sur le Stradun (voir p. 45), le café Buža dans les rochers (p. 51), le bar de l'hôtel Villa Dubrovnik (p. 55), les cafés de la Šetalište Kralja Zvonimira à Lapad (p. 59).

Séjourner dans les îles

1 - Villa Vilina
2 - Marko Polo
3 - Villa Vilina
4 - Villa Kvaternik

Cavtat (p. 62)

Croatia★★★★★

Sustjepan
☎ 020 475 555
Ⓕ 020 478 213.

Soyons honnête : ce méga-hôtel de 480 chambres en béton armé n'est pas d'une esthétique fracassante même si certains prospectus s'évertuent à nous expliquer qu'il s'intègre à merveille dans les bois de la presqu'île de Sustjepan. Cela étant, il a quelques vertus : une agréable plage au pied des rochers, de bonnes piscines… Comptez entre 560 (l'hiver) et 855 kn (juillet-août) par personne et par jour pour une *twin* avec vue sur l'île de Mrkan.

Villa Kvaternik★★★

Kvaternikova 3
☎ 020 479 800
Ⓕ 020 479 808
www.hotelvillakvaternik.com
De 600 kn à 1 295 kn.

Le calme : c'est là le vrai luxe de cette ancienne villa du XVIe s., transformée en bed & breakfast par deux Australiens d'origine croate, les frères Medanić (Ken et Stan pour les intimes). Il n'y a qu'une suite et 5 chambres très sobrement meublées – la plus charmante est celle avec le jeté de lit bleu – mais elles vous feront toutes le même cadeau : le silence de la presqu'île de Rat et du vieux Cavtat. Annexe au monastère franciscain.

Dalmacija

Trumbićev put 9
☎ 020 478 018
En été, t. l. j. 11h-23h.

Au Dalmacija, vous pourrez picorer une salade avant d'aller vous baigner – il existe une formule « light lunch » de 11h à 17h – ou vous rassasier d'un menu à 190 kn, qui décline le poisson sous toutes ses formes : en hors-d'œuvre, soupe, filet… assorti d'une sauce au vin blanc et d'un risotto à la roquette. Ah oui, j'oubliais un détail qui n'est pas sans importance à l'occasion des (fréquentes) pannes d'électricité à Cavtat : la Villa Pattiera – la maison jaune à volets verts de la famille Mandić – a son propre générateur. Commode !

Taverna Galija

Vulićevićeva 1
☎ 020 478 566
En été, t. l. j. 11h-23h.

Une cuisine tout à fait correcte avec de bonnes assiettes végétariennes à 60 kn, généralement servies en terrasse, sous les arbres, à proximité immédiate de l'église Notre-Dame-des-Neiges (p. 62), ce qui est assez romantique, d'autant qu'ici on se la joue « chandelles et piano ». Pensez à vous munir en été de votre spray antimoustique !

Koločep (p. 66)

Ville Koločep

Donje Čelo
☎ 020 757 025
Ⓕ 020 757 027
De 727 kn (juin) à 1 095 kn (août).

C'est l'unique hôtel de l'île et vous n'aurez aucune peine à le dénicher : le bateau qui accoste à Donje Čelo laisse à droite (pardon, à tribord) un long parallélépipède blanc – où se trouvent la réception, le restaurant, la piscine… – et, plus haut, émergeant des pins, 8 pavillons modernes de 3 étages : ce sont les 151 chambres, toutes dotées d'un balcon ou d'une terrasse. Le confort se révèle modeste et la cuisine basique mais le cadre est des plus tranquilles : le seul bruit, ici, est celui des motoculteurs que les îliens ont « bricolés » pour pouvoir transporter leurs marchandises.

Korčula (p. 70)

Park★★

Šetalište Frana Kršinića 102
☎ 020 726 004
Ⓕ 020 726 286
De 263 à 375 kn par personne.

À 10 min à pied de la vieille ville, un modeste hôtel des années 1960, qui a un atout majeur : son emplacement. Vous n'aurez que quelques mètres à faire en paréo pour aller de la mer à votre douche. Attention : les 153 chambres, très spartiates, ne sont pas climatisées (les plus fraîches sont celles qui n'ont pas de vue). Forfait tout compris en juillet-août : 525 kn par personne et par jour en chambre double.

Marko Polo★★★

Šetalište Frana Kršinića 102
☎ 020 726 480 ou 482
Ⓕ 020 711 746
De 413 à 600 kn par personne.

Une fois les travaux achevés (2007 ?), le Marko Polo qui se profile sur la colline, juste derrière le Park, devrait prendre du galon et se classer parmi les hôtels les plus tendance de la région, si l'on en juge à l'ambitieux projet concocté par un architecte de Split : 109 chambres reliées par deux ascenseurs au restaurant, une salle de fitness, un espace balnéo, deux piscines dont une couverte… Affaire à suivre.

Korčula★★★

Obala dr. Franje Tuđmana
☎ 020 726 336
Ⓕ 020 711 746
De 413 à 600 kn par personne.

Vous préférez passer la nuit dans la vieille ville ? Vous avez deux options : 1) le logement chez l'habitant ; 2) le Korčula, un établissement qui a vu le jour (1912) au temps des Autrichiens sous le nom d'Hôtel de la Ville. Les chambres du 2e étage ne sont guère lumineuses et la déco du restaurant, beige et chocolat, respire trop les années 1970 mais la terrasse est sympa et vous serez aux premières loges pour assister au ballet tantôt chic tantôt bruyant des yachts et des ferries : ils accostent juste au pied de l'hôtel !

Kanavelić

Ulica Sv. Barbare
☎ 020 711 800
En été, t. l. j. 11h-23h.

À quelques mètres de là se cache une véritable institu-

tion : l'excellent restaurant de poissons qui porte le nom d'un poète et dramaturge de Korčula, Pietro Canavelli alias Petar Kanavelić (1637-1719). On y sert, grillés avec une pointe d'huile d'olive, tous les classiques de la cuisine locale : encornets farcis à la dalmate, bar à la mode de l'île *(prženi lubin na otočki)*... C'est un peu cher mais rien ne vous interdit de ne commander qu'un risotto au noir de seiche. Pensez à réserver : la courette n'est pas extensible !

Adio Mare

Ulica Sv. Roka
☎ 020 711 253
Lun.-sam. 17h30-minuit, dim. 18h-minuit.

Cette « cantine », située à deux pas de la maison dite de Marco Polo (voir p. 72), est l'autre bastion de la gastronomie korculaise. Comme elle figure dans la plupart des guides de voyage, vous risquez fort, si vous n'avez pas réservé, de devoir faire la queue avant de pouvoir vous y attabler au coude à coude. Mais ses petits poissons frits et ses plats extrêmement dalmates *(brodet, zakrjan, pržolica...)* en valent la peine. Bonne ambiance dans un cadre convivial.

Lopud (p. 64)

Villa Vilina★★★★

Obala Iva Kuljevana 5
☎ 020 759 333
Ⓕ 020 759 060
www.villa-vilina.hr
À partir de 969 kn.

Vous avez jeté votre dévolu sur la ravissante Lopud ? Sachez que depuis l'été 2002, cette île dispose d'un nouvel hôtel : une belle maison de maître, calme et chaleureuse, dotée d'une aimable terrasse où l'on peut prendre le petit déjeuner tout en humant l'air de la mer. Ce nid douillet de 3 suites et 14 chambres est situé juste au-dessus du port, à deux pas du couvent franciscain de Sv. Marije od Špilice (p. 64). Minipiscine au fond du jardin.

Lafodia★★★

Obala Iva Kuljevana 51
☎ 020 759 022
Ⓕ 020 759 026.

Un bien joli nom – c'est ainsi qu'en grec on appelait l'île de Lopud – pour un complexe hôtelier des années 1970, constitué de deux immeubles nettement moins intimes que la villa des Šimunović et assez vilains... côté architecture. Mais le prix de ses 196 chambres, dont beaucoup ont une superbe vue sur l'anse, défie toute concurrence : en juin et en sept., la formule « pension complète » tourne ici autour de 620 kn par personne et par jour. Un seul reproche : le menu rappelle un peu trop celui d'une cafèt' d'entreprise.

Konoba Obala

Obala Iva Kuljevana 18
☎ 020 759 170
En été, t. l. j. 11h-23h.

Une solution de repli pour les becs fins ? Cette excellente *konoba* – « taverne » en croate – où l'on pourra sacrifier, sur le bord du quai, aux plaisirs du plateau de fruits de mer (dorade, moules, salade de poulpe et anchois) et de la *hobotnica ispod peke,* le poulpe cuit

sous une cloche de fer, avec des pommes de terre (250 kn le kg). Et comme le soleil a le bon goût de se coucher juste en face, c'est le genre d'adresse dont on fait vite sa cantine...

Mljet (p. 68)

Odisej★★★

Pomena
☎ 020 362 111
Ⓕ 020 744 042
www.hotelodisej.hr
Autour de 550 kn...

... par personne, la double avec vue sur l'Adriatique. Dit comme ça, cela laisse rêveur et c'est vrai que, de certaines chambres (il y en a 155 en tout), le panorama

1 - Kanavelić
2 - Croatia
3 - Bourbon
4 - Konoba Obala

est à tomber. Certes, le confort est sommaire, le menu sans grand relief et le staff un brin débordé par les bataillons de touristes *all inclusive* mais il faut se faire une raison : c'est le seul hôtel de Mljet, il est au cœur du parc national et il a tout une panoplie de VTT, scooters et kayaks à louer pour partir à la découverte de l'île.

Bourbon

Polače 8
☎ 020 744 169
En été, t. l. j. 11h30-23h.

À Polače comme à Pomena, un chapelet de tavernes s'égrène au bord de l'eau : Ankora, Ogigija… Nous avons eu un faible pour le petit restau de Vicko Sršen : Bourbon. Est-ce son feu de bois et sa loggia qui attirent comme un aimant les yachts de passage ? La carte, en tout cas, est alléchante et jongle avec les herbes aromatiques : il y a du laurier et du persil dans la *gregada* (poisson au vin blanc et huile d'olive), de la cardamome dans la *materina veprovina* (sanglier de l'île aux gnocchis et baies rouges). Miam miam !

Šipan (p. 67)

Šipan★★★

Šipanska Luka
☎ 020 758 003
Ⓕ 020 758 004
www.hotel-sipan.hr
De 300 à 400 kn/personne.

Pour jouer à Robinson, il y a aussi cette ancienne huilerie transformée en hôtel depuis 1979. La plupart de ses 83 chambres, fort bien rénovées en 2006, offrent une superbe vue sur l'anse de Šipan. Et pour celles et ceux qui seraient fatigué(e)s de lézarder sur la plage de sable, entre les senteurs de romarin et le cliquetis des cigales, l'hôtel organise des cours gratuits de plongée dans les eaux cristallines de l'île. Forfaits très intéressants hors saison.

Trabakula

Šipanska Luka
☎ 020 758 310
En été, t. l. j. 11h-23h.

C'est LE restaurant de Šipan et peut-être le meilleur des îles Élaphites. La spécialité du chef ? Le poisson frais cuit dans l'eau de mer (350 kn/kg). Ça se commande 1 jour à l'avance mais vous trouverez, sur la carte, toutes sortes de grillades et de plats inventifs que vous pourrez savourer à l'intérieur ou en terrasse, avant d'aller siroter un chivas ou un mojito sous les palmiers dans des chaises vert anis. P.-S. : un « trabac » – *trabakula* en croate – est un voilier traditionnel à deux mâts, typique de la mer Adriatique.

Shopping mode d'emploi

Les touristes pressés croient parfois qu'un lèche-vitrines à Dubrovnik se résume au Stradun ! Ils en oublient qu'il y a bien d'autres rues dans la vieille ville. À commencer par Od Puča. Elle est peut-être moins prestigieuse mais ses échoppes baroques à volets verts et portes à genoux *(na koljeno)* ne sont pas le quasi-monopole des vendeurs de pacotille. Vous y trouverez des enseignes étrangères, des produits du terroir, une poignée de bons artisans...

Où faire ses achats ?

Autre pôle d'attraction, le quartier de Gruž, qui concentre à lui seul la plupart des centres commerciaux – Pemo (Put Republike 30), Tommy (p. 117), Super Konzum (Gruška obala 4) – et des galeries marchandes, comme Roba kuća Minčeta (p. 58) Le quartier de Lapad n'a qu'un *shopping centar* : le DOC. Les îles Élaphites et Mljet sont moins bien loties et plus chères, transport oblige. En revanche, Korčula offre un éventail intéressant de vins du cru, figues aux zestes de citron, savons à base d'huile d'olive et de lait de chèvre, délicatement parfumés aux amandes et noués de raphia....

SE REPÉRER

Nous avons indiqué à la suite de chaque adresse du chapitre Shopping sa localisation sur le plan situé à la fin du guide. Voir aussi l'encadré « Rappel » p. 39.

Heures d'ouverture

Elles sont très variables car elles sont calées sur la météo et les flux touristiques. Hors saison, il faut viser la tranche 9h-11h si l'on veut être sûr(e) de ne pas trouver porte close. De mai à septembre, les boutiques sont généralement ouvertes du lundi au vendredi de 8h à 19h, et le samedi de 8h à 14h. En juillet-août, elles observent à l'heure du déjeuner une pause qui peut se prolonger jusqu'au retour de la plage (17h). Les marchands de souvenirs du Stradun ouvrent tous les jours de 9h à 21h voire 22h. En été, on peut faire ses courses dans les centres commerciaux du lundi au samedi de 7h à 21h, le dimanche de 8h à 20h.

Comment payer ?

En Croatie, le paiement ne peut s'effectuer qu'en kuna même si, pour vous aider à mieux évaluer les prix, certains établissements ont adopté le double affichage (kn et €).
Si vous faites une escapade au Monténégro, sachez qu'il ne vous sera pas possible de dépenser vos kuna croates à Kotor ou à Budva (on n'y accepte que les euros).
Vous avez choisi l'excursion à Mostar ? Là, les commerçants sont un peu plus souples : la monnaie officielle de la Bosnie-Herzégovine est le konvertibilna marka divisé en 100 feninga (en abrégé : KM ou BAM ; pour info, 2 BAM = 1 €), mais la plupart d'entre eux acceptent les kuna croates. Il se peut en revanche qu'ils vous rendent la monnaie en BAM.
À Dubrovnik, la grande majorité des magasins acceptent les cartes de paiement (Eurocard, MasterCard, Visa, American Express). C'est moins vrai dans les îles, mais vous pourrez y retirer de l'argent au distributeur (île de Lopud : PBZ, obala I. Kuljevana 12 ; île de Mljet : Hôtel Odisej, Pomena).
En cas de perte ou de vol de votre carte, téléphonez au centre d'opposition :
☎ 021 344 276 ou 0033 892 705 705 pour les Visa
☎ 01 378 9789 ou 0033 1 45 67 84 84 pour les Eurocard et MasterCard ;
☎ 01 612 4422 ou 0033 1 47 77 72 00 pour les American Express.

Détaxe

Sachez que vous avez la possibilité de vous faire rembourser la *porez na dodanu vrijednost* – la TVA croate (22 %) – pour les articles que vous aurez achetés en Croatie, dès lors que leur montant dépasse 500 kuna par facture. La procédure est longuette mais assez simple. Demandez au commerçant le formulaire de détaxe *(PDV-P* ou *Porezni ček)*, remplissez-le, conservez votre facture – ainsi que le reçu si vous avez réglé par carte bancaire – et faites valider le tout par le service des douanes au moment de quitter le territoire croate. Normalement, la *PDV* devrait vous être remboursée dans un délai de 15 jours.

Formalités de douane

Toute marchandise (effet personnel, acheté ou reçu en cadeau) d'une valeur inférieure à 175 € est exemptée de taxe douanière. Vous pouvez aussi exporter de Croatie 2 l de vin, 1 l de spiritueux, 500 g de café, 100 g de thé, 200 cigarettes, 25 cl d'eau de toilette et jusqu'à 15 000 kuna par personne.
Les douaniers se montrent plus sourcilleux sur la question des contrefaçons, des antiquités et des œuvres d'art (le vendeur doit vous avoir remis une autorisation).

PETITS PRIX

Pour bénéficier de tarifs intéressants, comparez les prix ! Les tarifs, cela va de soi, sont plus élevés dans la vieille ville qu'à Gruž mais on observe même sur le Stradun des différences substantielles d'une boutique à l'autre. Exemple : le DVD *Restauration de Dubrovnik* est vendu 90 kn chez Algoritam, 95 chez Plus Souvenirs et 120 dans la librairie de l'ex-couvent Sainte-Claire. Privilégiez les marques croates (Kraš, Jana, Ožujsko Pivo, Bajadera, Podravka, etc.) : elles sont aussi taxées à 22 % mais restent moins chères que les biens de consommation courante importés de l'étranger. Traquez les affiches *akcija, sižonje* (rabais) ou *rasprodaja* (soldes) : ce ne sont pas forcément des annonces mensongères. Plusieurs magasins de Gruž (obala Stjepana Radića) pratiquent régulièrement des rabais de 25 à 30 %. Les joies du marchandage ? Vous aurez tout loisir de vous y adonner sur les marchés (p. 116-117) mais aussi auprès des vendeuses de napperons ou de lainages : sur une veste étiquetée 1 200 kn, on obtient jusqu'à 200 kn de réduction.

Mode
au féminin

Contrairement à l'île de Hvar qui affiche, en haute saison, un « chic Riviera » quasi jet-set et glamour, Dubrovnik cultive la décontraction et le mélange des codes, entre la panoplie urbaine, le look « pin-up en croisière » et le prêt-à-porter italien. Un autre courant néanmoins se dessine en douceur : le goût pour les inventions des stylistes croates. Pour l'instant, le talent des jeunes *dizajneri* comme Marina Obradović ou Jasna Rausavljević a un peu de mal à percer dans le sud de la Dalmatie, mais qui sait ? D'ici l'été prochain…

Urban Republic

À l'angle de Placa et Marojice Kaboge (B3)
☎ 020 324 795
Lun.-sam. 9h-21h, dim. 9h-15h.

Cette marque du groupe Magma, qui vient de s'implanter avec succès à Sarajevo et à Belgrade, est une enseigne très populaire auprès des jeunes générations. Les lolitas pourront y faire provision de fringues décontractées à prix doux, fabriquées en Asie du Sud-Est mais « designées » à Zagreb. En vitrine : des *majica* (tee-shirts) bordeaux à 150 kn, des petits hauts parme ou vert olive à 180 kn, un lot de chaussettes rigolotes et surtout des tongs Urban Republic aux couleurs survitaminées avec lesquelles, soyez-en sûre, vous ne passerez pas inaperçue à la plage (40 kn la paire) !

Skiny

Od Puča 19 (A3/B4)
☎ 020 323 888
Lun.-sam. 9h-20h.

La companie aérienne a égaré votre valise ? Justement celle où vous aviez glissé le maillot de bain que vous comptiez étrenner dans l'Adriatique ? Pas de panique ! Il existe dans la vieille ville un spécialiste de la lingerie, l'Autrichien Skiny, qui vient de lancer une collection sympa, destinée à une clientèle jeune et plutôt mode : Aquawear (80 % polyamide 20 % élasthanne) déclinée en turquoise, pink, bleu Capri…

Skandal

Gundulićeva poljana 4 (B4)
☎ 020 324 094
Lun.-sam. 8h-20h, dim. 9h-15h.

Voici un magasin qui réussirait presque à vous faire croire qu'il est encore en travaux, avec sa bande-son un brin répétitive – genre marteau-piqueur – et ses plaques en Fibrociment posées sur du sable gris. Les effrontées et les turbulentes qui jugeraient un peu trop sages les panoplies d'Urban Republic devraient donc trouver ici de quoi refaire leur penderie. Au menu : des vestes assez craquantes à 349 kn et des jeans verts garnis de languettes façon treillis. Un bon pot-pourri de la griffe SKL by Skandal.

Maja

Antuninska 23 (A3)
☎ 020 321 288
T. l. j. sf dim.

On vous l'accorde : le n° 23 est tout en haut de l'escalier, lequel escalier est un peu rude mais c'est là que vit Maja Miljković, LA couturière de Dubrovnik. Elle habite juste au-dessus du petit atelier – pardon, du *modni salon* – où elle confectionne des robes de bal pour les bachelières, des robes de cérémonie pour les jeunes mariées… Elle a des modèles un peu « mamie », d'autres plus festifs mais le délai est toujours le même : en 3/4 jours, elle vous sculpte d'un coup de ciseau magique une robe en satin (1 000 kn).

Gloria 2

Ul. Kralja Tomislava 7 (B1)
Lignes 5 ou 6 arrêt Pošta Lapad
☎ 020 438 001
Lun.-sam. 9h-12h et 16h-19h30h.

En Croatie aussi, le lin 100 % naturel, dont on avait quelque peu oublié les vertus, fait son come-back. Mario Bekčec l'a bien compris : il crée à Sesvete près de Zagreb des tissages légers, hypoallergéniques et confortables, qui exigent peu d'entretien et restent très abordables : sa robe griffée Pantera, en version grège, coûte moins de 300 kn. Vous en trouverez dans cette petite *butik* située au rez-de-chaussée du DOC, derrière le supermarché Kerum.

Stil Feeling

Obala Stjepana Radića 13 (C1-2)
Lignes 1, 3 ou 7 arrêt Gruž
Lun.-sam. 8h-20h30.

Les quelques magasins de vêtements qui ont pignon sur le quai de Gruž sont un peu tristounets, mais il en est un qui sort du lot : au n° 13 en effet, on peut faire, mine de rien, de bonnes affaires. La saison dernière, il y avait là tout un arrivage de robettes fringantes, rouges, vertes et noires, signées Luisa et importées d'Italie. Pourvu que ça dure !

KADENA

Notre coup de cœur ? Kadena. À la différence de nombreuses boutiques de mode qui ne jurent que par les grandes griffes internationales, celle-ci défend le « cro-à-porter » : autrement dit, les créations de stylistes croates comme Dinka Grubišić, *dizajner* de l'atelier zagrebois Nebo, ou A-Marie qui signe de flamboyantes robes de soirée. Et ce n'est pas hors de prix : 390 kn la jupe « Suknja Uma » gris souris à bandes gris pâle, 690 kn pour la fraîche robe « Monique Haljina ». Raison de plus pour les soutenir !

Celestina Medovića 2 (A3)
☎ 098 359 002
Lun.-sam. 9h-21h, dim. 9h-13h.

L'homme
et la mode

Au rayon hommes aussi, la mode a le goût de la plage, de la voile et du streetwear importé de Zagreb. À côté des boutiques qui écoulent, ici comme ailleurs, leurs lots de bermudas et de débardeurs fabriqués à Macao ou en Indonésie, vous trouverez donc, çà et là, du prêt-à-porter original. Et un article authentiquement croate que l'on appelle *poša* à la lisière de la Hongrie, *podgutnica* autour de la capitale mais partout ailleurs… *kravata.*

Branimir

Od Puča 2 (B4)
☎ 020 323 589
Lun.-ven. 9h-20h, sam. 9h-14h.

On dit souvent de lui qu'il est l'Emmanuel Ungaro de la couture croate. Il est vrai que Branimir Hundić a créé sa griffe, comme Ungaro, au milieu des années 1960. Mais Branimir, lui, continue à œuvrer : dans son atelier de Zagreb, il dessine tout lui-même, des ceintures aux chaussures en passant par les *manžet gumbi* (boutons de manchettes), avec le même souci pour la finition impeccable et le détail qui sort de l'ordinaire : ici, un col découpé en gradin ; là, un autre subtilement rehaussé de menus motifs. Au final, de superbes vestes que l'on peut aussi porter avec un tee-shirt et un jean si on veut se la jouer « décalé ».

Salon Croata

Pred Dvorom 2 (B4)
☎ 020 323 526
Lun.-ven. 8h-20h, sam. 8h-14h.

Inutile de courir tout Dubrovnik pour mettre la main sur une authentique cravate croate en soie : les plus élégantes sont ici, à côté de gilets *(prsluci)* chamarrés de vaguelettes ou de losanges argent sur un fond ivoire ! Faites à la main dans l'est du pays, près de Slavonski Brod, elles arborent des motifs inspirés du patrimoine national – entrelacs du Moyen Âge, ancien alphabet glagolitique, côte dalmate… – et des prix honnêtes : 369 kn le sublime modèle à pampres violets de la série *Hrvatski židovi,* symbole d'espoir.

Plava Sabljarka

Od Puča 13 (A3/B4)
☎ 020 323 180 ou 421 197
Lun.-sam. 9h-20h.

On suggère aux étourdis qui auraient oublié d'emporter leur tenue de bain de faire un crochet par Plava Sabljarka – « l'Espadon bleu » – avant de courir chez Skiny (p. 104). Car le magasin de Katarina Dadić ne vend pas que des articles de pêche : ici, les hameçons voisinent avec des palmes et des tubas (le top en matière d'équipement de plongée), des combinaisons pour ne pas frissonner idiot

en kayak mais aussi tout un lot de maillots Speedo ultra-sportifs.

Shoe-Be-Do

Brsalje 10 (D3)
Lignes 1, 3, 4, 6 ou 9 arrêt Pile
Lun.-sam. 8h30-20h30.

Durera, durera pas ? Ce petit bout de boutique qui a ouvert ses portes entre l'hôtel Imperial et la porte de Pile s'est lancé avec audace dans le style « glisse » cher aux adeptes du skate, du roller et autres sports urbains. Il y a là,

exposés sur fond de musique syncopée – le vendeur dirait « positive » – des jeans en denim, des tee-shirts Lakai, d'autres griffés « Keep the peace » à 219 kn et tout plein de chaussures très tendance pour rester dans le ton (il en existe un stock encore plus important au DOC, p. 116).

Mura

Nikole Tesle 2 (C2)
Lignes 1, 3, 6 ou 9 arrêt Stanica Lapad
☎ 020 356 070
Lun.-sam. 8h-20h.

« Mura » est le nom d'une firme slovène, fondée en 1925, qui habille aussi les hommes et qui exporte ses créations jusqu'en Ukraine mais pas encore en France – une raison de plus pour jeter un œil à la boutique qu'elle vient d'ouvrir à l'intérieur de la galerie marchande Roba Kuća Minčeta. Vous y verrez des modèles qui n'ont rien de froid ni de guindé : les stylistes Sonja Šterman et Andreja Bele ont réussi à dérider la ligne en l'enrichissant de nouveaux motifs et de tons optimistes, orangés, verts et jaune paille.

S. Oliver

Ul. Kralja Tomislava 7 (B1)
Lignes 5 ou 6 arrêt Pošta Lapad
☎ 020 436 777
Lun.-sam. 9h-20h.

L'Allemand Bernd Freier, qui a créé sa collection homme dès 1995, est encore très peu présent en France mais il a déjà sept points de vente en Croatie, dont un à Lapad, au 1er niveau du *shopping centar* DOC. Sur les portants : une ligne sportive et décontractée, avec des blousons coupe-vent, des pantalons cargo et des boxers sympas à 209 kn.

DE *HRVAT* À CRAVATE

En 1635, la France, qui était encore en guerre, dut lever des troupes à l'étranger. Elle enrôla des Hrvat ou Croates – on disait à l'époque des « Cravates » – qui formèrent un corps d'élite, le Royal-Cravate. Ces cavaliers portaient un mince foulard qui les distinguait des autres régiments et que leur épouse ou fiancée leur avait noué autour du cou pour qu'ils se souviennent d'elles et leur restent fidèles. L'accessoire dut faire une vive impression sur la Cour de Versailles puisque quelques années plus tard, Louis XIV recevait chaque matin la visite de son cravatier qui lui proposait un plein panier de nœuds « à la croate »…

Chaussures, sacs
et autres accessoires

Où l'on découvrira que Dubrovnik-la-balnéaire ne fait pas que dans le bob et la tong. Elle a même tout ce qu'il faut, dans le domaine de l'accessoire, pour satisfaire les goûts les plus éclectiques : des sacs trapèze et des escarpins waterproof pour trotter chic, des *novi modeli* signés de jeunes créateurs et... une modiste qui travaille à l'ancienne. À vous de trouver celui qui vous va le mieux au teint !

Salon Kože M.

Gundulićeva poljana 7 (B4)
☎ 020 324 108
Lun.-dim. 9h-22h.

Vrai filon pour les élégantes en mal d'accessoires, le Salon Kože *(koža* en croate signifie « cuir ») se consacre au sac en général – sous toutes ses formes : cabas main, besaces à bandoulière, aumônières... – et au cuir en particulier. On y trouvera donc, à côté des classiques David Jones et Anna Panni dont les sacs vénitiens, absolument superbes, sont incrustés de pierres multicolores, quelques ceintures de Maria Galanti et de jolis bracelets en cuir et céramique, faits main par une artisane de Lapad, Ljubica Milenković.

Alpina

Ul. Kralja Tomislava 7 (B1)
Lignes 5 ou 6 arrêt Pošta Lapad
☎ 020 438 016
Lun.-sam. 9h-20h.

Alpina est une entreprise slovène, longtemps spécialisée dans l'après-ski et le godillot de randonnée, qui a mis son savoir-faire au service de la chaussure de ville. Résultat : des modèles tout-terrain et faciles à vivre, qu'elle exporte en Suisse, en Suède et en Croatie à des prix très corrects. De 191 kn la paire de « Richard » pour hommes à 239 kn les ballerines imprimées de fleurettes printanières. Autre point de vente : Od Puča 22 (A3/B4) ☎ 020 323 318.

Peko

Čubranovićeva 1 (A3)
☎ 020 421 544
Lun.-sam. 8h-21h.

On n'y prête pas toujours attention quand on arpente le Stradun et pourtant cette enseigne, fondée à Split en 1992, se taille un franc succès à travers le pays avec 56 boutiques et tout plein de chaussures qui donnent la priorité au confort : des sandales aérées, des mules pas trop « mémères » et des *docksides* pour garder le pied ferme à bord du ferry… Catalogue sur www.peko.hr.

La Scarpa

Od Puča 8 (B4)
☎ 020 411 563
Lun.-sam. 9h-12h30 et 15h30-19h30.

À deux pas de là, M. Izudin tient les rênes d'une maroquinerie lilliputienne dont les étagères croulent sous un stock d'articles artisanaux fort bien cousus : des sacs hyperfonctionnels pour femmes d'affaires, des ceintures pour hommes, des portefeuilles et des porte-clefs aux armes de Dubrovnik… Au final, de la belle ouvrage à des prix qui sont comme les formes et les coloris : plutôt sages.

Planet Obuća

Put Republike 34 (2)
Lignes 1, 3, 6 ou 9 arrêt Stanica Lapad
☎ 020 357 597
Lun.-sam. 8h-21h, dim. 9h-19h.

Depuis 2006, la chasse aux baskets et aux bottines passe aussi par le 2e étage du *shopping centar* Tommy. Il y a là un magasin de 600 m^2 où les marques, italiennes pour la plupart, concilient prix raisonnables et tendances de la mode. Les musts de la saison ? Les sandales de plage et de piscine du chausseur croate Elviton et les sportives Zenage de Vérone, « dont l'air se renouvelle à chaque pas ». À signaler aussi, dans un genre plus classique, les élégantes Scarpine et la collection Filograna, importée des Pouilles.

Karla

Ul. Kralja Tomislava 7 (B1)
Lignes 5 ou 6 arrêt Pošta Lapad
☎ 020 435 665
Lun.-sam. 9-20h.

Plus élitiste, la jeune chaîne Karla, déjà bien implantée à Split et à Zadar, propose dans sa boutique du *shopping centar* DOC un chapelet de chaussures, toutes italiennes et ultraféminines, griffées Roberto Botticelli, Gritti, Giancarlo Paoli… Autre point commun ? Elles sont joliment sculptées. Il y a les graciles Loriblu qui font la cheville fine ; les Mare qui ont déjà un petit air couture avec leurs incrustations de bijoux et leurs brides à volutes sophistiquées… P.-S. : tous les derniers modèles sont sur le site www.karla.hr.

« RONCHI SINCE 1858 »

Dans les années 1920, Dubrovnik comptait encore une dizaine de modistes. Aujourd'hui, il n'en reste plus qu'une : Marina Grabovac Ronchi, dont l'atelier mérite une visite. Non seulement parce qu'il a survécu vaille que vaille à trois guerres et cinq régimes, mais aussi parce que Marina y perpétue le savoir-faire de son arrière-arrière-grand-père, un noble milanais établi comme chapelier à Raguse en 1858. Pour confectionner d'audacieux bibis à 120/630 kn, elle utilise en effet les moules d'Euphilius Ronchi. Son adresse : Lučarica 2 (B3), ☎ 020 323 699, lun.-ven. 9h-12h et 17h-19h.

Travaux d'aiguille

Ah, la « dentelle de Raguse »... ! On ne sait pas bien à quoi pouvait ressembler ce type de dentelle qui était, disait-on au XVIIe s., aussi fine que celle de Venise. On sait en revanche que dans le Konavle, à une vingtaine de kilomètres au sud de Dubrovnik, les femmes ont longtemps élevé des vers à soie. C'est ainsi que la région est devenue la terre d'élection d'une broderie de soie très décorative, le *konavoski vez*. Quelques échantillons ?

Ejna

Žudioska 7 (B3)
☎ 020 321 082
Lun.-dim. 10h-18h.

Non seulement Ejna connaît le répertoire ornemental de la broderie de Konavle sur le bout des doigts – les *borići* (« petits sapins »), *pačije noge* (« pattes d'oie ») et autres *romb* (« losanges ») – mais elle a aussi, en réserve, plusieurs compositions qui sortent de l'ordinaire. Une idée des prix ? Le petit napperon à bordure de *borići* coûte autour de 100 kn ; le mini-sac noir rehaussé d'une broderie triangulaire inspirée du béret des femmes de Mljet, 250 kn.

Portun

Zeljarica (B4)
☎ 020 323 344
T. l. j. 8h-20h.

Ejna n'est pas la seule à parer les sacs noirs de broderies traditionnelles. Vous en verrez sur le vieux port (p 46), chez le maroquinier Joldo au n° 5 de la rue Široka, mais aussi chez Marija Masnec dont la boutique, « Portun », se trouve juste à côté de l'église Saint-Blaise. Là, les créations les plus convaincantes sont sur le mur : ce sont des échantillons de *konavoski vez* présentés sous verre (300 kn).

Divona Dubrovnik

Od Puča 18 (A3/B4)
☎ 020 324 103
Lun.-ven. 8h30-19h30, sam. 8h-13h.

Pavo Prlenda, qui fait commerce de tissus, a choisi un autre support : les parapluies *(kišobrana)*. Vous retrouverez donc sur certains de ses « pépins » des frises de motifs symétriques et stylisés dans la palette chère à la région : le noir, le vert olive et le rouge, symbole de la joie et de la résurrection, qui peut se décliner en plusieurs nuances – rosâtre, coing ou griotte mûre – mais ne doit pas être trop criard.

DEŠA

Frana Supila 8 (D3/E3) Lazareti)
☎ 020 420 145.

En 1992, au lendemain de la guerre, de nombreux habitants du Konavle avaient tout perdu : leurs vers à soie, leurs mûriers, leurs costumes… Une ONG fut alors fondée – la DEŠA – pour aider les femmes réfugiées à reconstruire leur vie et à renouer avec la broderie traditionnelle. Leurs travaux sont régulièrement exposés dans le local de l'ONG (qui est parvenue, soit dit en passant, à réintroduire le bombyx entre Cavtat et Vitaljina : aujourd'hui, une dizaine de familles produit de nouveau

la soie dans la région). Dates des prochaines expos sur www.desa-dubrovnik.net.

Eurostyle

Placa 18 (A3/B3)
☎ 098 20 8549
Lun.-sam. 9h-20h.

Pourquoi cette boutique de souvenirs ? Parce que les fans d'artisanat y trouveront, sur le portant de gauche – entre un lot de tee-shirts « Ragusa » et des maillots de foot à carreaux rouges et blancs – une petite sélection de grosses vestes en laine bien chaudes, tricotées main et ornées de motifs par Dana Jovanović, Ilić Cana… Comptez 2 000 kn pour pouvoir jouer au Chaperon rouge l'hiver prochain.

Nada

Celestina Medovića 6 (A3)
☎ 091 358 74 55
T. l. j. 9h-19h.

Chez Nada, les tricotages que vous verrez accrochés en plein air, sur le mur du monastère des Franciscains, tournent autour de 1 200 kn et viennent tous de Sirogojno, un village situé aux confins de la Serbie et du Monténégro, dans les montagnes de Zlatibor pour être précis, où l'hiver est plutôt rude. Vous les reconnaîtrez aisément à leurs motifs bien particuliers : des paysages entiers couvrant le dos du chandail ou du manteau. Ils se lavent à la main, retournés, à l'eau tiède (5 min) sans frotter, et se sèchent à plat entre deux serviettes.

LES COSTUMES TRADITIONNELS

Le musée Rupe (p. 53) conserve de précieux échantillons des différents *nošnje* – costumes traditionnels – que l'on portait encore avec fierté, les jours de fête, dans le Konavle notamment. Aujourd'hui, pour avoir l'occasion de les admirer « en live », il faut se rendre le dimanche matin sur la place de l'église de Čilipi (17 km au S.), à une représentation du Linđo, à la fête de la Saint-Blaise à Dubrovnik (p. 18) ou à une *moreška* (p. 19) dans l'île de Korčula. Les hommes de la région de Dubrovnik se distinguaient par leur large ceinture de soie multicolore, leur gilet court et leur veste rehaussée de broderies, ganses et fils d'or. Dans l'île de Mljet, les femmes arboraient de longues jupes plissées – le plus souvent rouges – et un petit béret blanc égayé, sur le devant, d'une broderie rouge et au revers d'une dentelle…

Or et corail

Vous flashez sur une paire de boucles d'oreilles en argent doré ourlé de grènetis ? Ne l'achetez pas les yeux fermés ! De tous les bijoutiers qui ont pignon sur le Stradun ou Od Puča, certains sont plus… sérieux que d'autres. Il en va de même du *koralj* qui a longtemps fait la fortune des négociants de Raguse : pêché par les îliens de Koločep, il était vendu, au XVIIe s., sur les marchés de Venise et des Flandres. Et déjà, certains corailleurs sortaient du lot…

Matija Vierda

Placa 15 (A3/B3)
☎ 020 323 314
Lun.-ven. 8h-12h et 16h-19h, sam. 8h-12h.

Commençons par l'un des meilleurs *zlatar* (« orfèvre ») de la ville : Matija Vierda. Peut-être le verrez-vous soufflant la flamme, au milieu des diplômes de son grand-père, médaillé d'or à l'Expo des arts et techniques de 1937. Ce qu'il fait ? Il restaure les objets liturgiques et les bijoux en filigrane, en particulier les *fjočice* et autres boucles d'oreilles traditionnelles de la région (p. 29). Du grand art qui exige une infinie patience. N.B. : les pièces exposées dans la vitrine *starinske izložene* ne sont pas à vendre : dommage !

Zlatar Filičić

Široka 4 (A3)
☎ 020 323 212
Lun.-ven. 8h30-13h et 16h-19h30, sam. 9h-14h et 16h-19h30, dim. 9h-13h.

Boris Filičić connaît bien, lui aussi, la technique du *filigran* qui consiste à souder de manière imperceptible des fils de métal sur un même métal. Il cisèle, travaille au repoussé, grave sur l'or. À la main, bien sûr. Dans son atelier sont exposées, au côté de ses propres travaux, quelques œuvres de son père, qui était déjà un virtuose du grènetis.

Đardin

À l'angle d'Od Puča et Miha Pracata (A4)
☎ 020 324 744
T. l. j. 9h-20h (minuit en été).

Voici une véritable caverne d'Ali Baba qui déploie au gré d'une séduisante mise en scène les trésors d'un atelier zagrébois on ne peut plus créatif. Depuis 2003 en effet, Cro Art Dizajn Studio loue le rez-de-chaussée et le jardin – *đardin* en dalmate – de ce palais qui appartient à l'église orthodoxe

voisine pour y exposer des bracelets faits de petits coraux, d'adorables colliers en pétales de nacre et bien d'autres pièces toutes uniques et – à l'exception des répliques de bijoux traditionnels – originales. Craquant !

Coral Centar

Boškovićeva 6 (B3)
☎ 020 321 165
T. l. j. 10h-20h.

Tajana a également quelques boucles d'oreilles croates en vitrine (1 160 kn) mais sa vraie spécialité, c'est le *corallium rubrum* – le fameux corail rouge de l'Adriatique – qu'elle façonne avec doigté. Et qu'il ne faut pas confondre avec le corail du Pacifique (moins cher) ou avec le « faux corail ». Lequel n'est pas un cnidaire, comme le corail rouge, mais un tout autre animal : un bryozoaire dont les branches calcaires tirent nettement sur l'orange. À bon entendeur… !

Lazer Rok Lumezi

Zlatarska 3 (B3)
☎ 098 59 585
T. l. j. 10h-22h.

M. Lumezi est un créateur réputé dans le milieu de la mode croate. On peut se faire une idée de son style en cliquant sur www.zlatarna.com/lumezi. On peut aussi admirer ses bijoux « en vrai », car chaque été, il sort de son atelier de Zagreb pour exposer à Dubrovnik ses travaux, ceux de sa fille Eva et de ses apprentis : de précieuses « amulettes » qui sont de pures sculptures et ont bien saisi l'esprit du temps. Autour de 1 300/3 500 kn le collier en argent, tourmaline, calcédoine, ambre ou corail.

Trinity

Palmotićeva 2 (A3)
☎ 020 322 350
T. l. j. 9h-minuit en été.

Si vous êtes de celles qui rosissent de plaisir à la vue d'un pendentif en turquoise ou d'une bague en aigue-marine, faites un crochet par ce palais baroque : non seulement il est ravissant, avec sa margelle de puits et son escalier à balustres, mais les créations de Trinity sont toutes plus audacieuses les unes que les autres. Il faut dire que Max Škledar, le designer, excelle dans l'art du bijou « couture ». P.-S. : la maison met un point d'honneur à n'acheter son corail qu'aux seuls pêcheurs autorisés.

LE CORAIL ROUGE

Cette espèce typiquement méditerranéenne, qui vit dans les anfractuosités de la côte croate, mais aussi en Corse, en Sardaigne et en mer Égée, n'est pas un végétal – comme on le croyait autrefois – mais un animal. Plus précisément, une colonie de petits animaux qui secrètent un « squelette » commun, calcaire, aux branches ramifiées, dont la couleur – un superbe vermillon – a toujours été très appréciée des joailliers. Un peu trop, sans doute : si l'on n'y prend garde, sa récolte intensive risque de conduire à son extinction. De nos jours, seuls les corailleurs agréés ont le droit de pêcher cet « or rouge ».

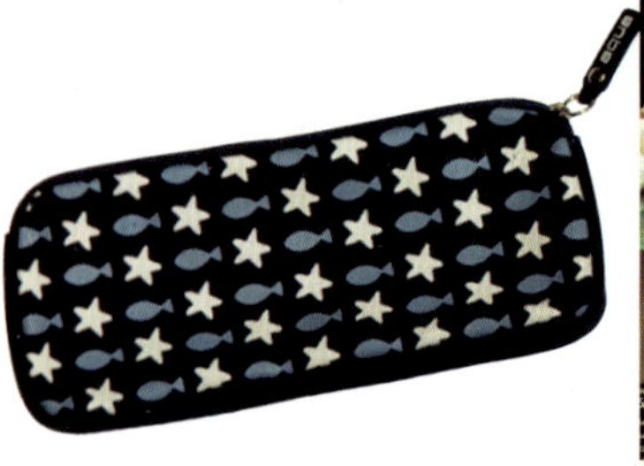

Souvenirs
et petits cadeaux

Il y aurait beaucoup à dire sur les échoppes qui inondent la vieille ville de cendriers « Dubrovnik » ou d' « églises Saint-Blaise » sous cloche à neige. Ici, comme dans toute station balnéaire hautement touristique, l'avalanche de kitsch a de quoi rebuter ! Mais rassurez-vous : vous finirez bien par mettre la main sur un vrai souvenir de la perle de l'Adriatique. Quelques pistes ?

Suvenir Dubrovnik

Placa 11 (A3/B3)
☎ 020 323 805
T. l. j. 9h-20h.

Ce magasin a accumulé, lui aussi, un étourdissant bric-à-brac de bibelots produits en grande série qui n'ont rien de dubrovnikois à proprement parler – casquettes de base-ball barrées du logo « Croatia », chopes de bière ornées d'armoiries, on en passe et des meilleures… – mais il a, tout au fond, quelques articles plus originaux comme la collection de tee-shirts arborant une envolée de dauphins sur fond noir dans un style quasi… Art nouveau (70 kn).

Aqua

Placa 7 (B3)
☎ 020 323 683

Lun.-sam. 9h-21h,
dim. 9h-13h.

Une boutique comme on les aime, truffée d'idées cadeaux sympathiques et bon marché. Bien sûr, il faut aimer le… bleu. Car tout est bleu chez Aqua, surtout les frises alternées d'étoiles et de poissons de l'Adriatique qui décorent ici sets de table et serviettes de bain, coussins et trousses d'écolier. De l'azur à l'indigo, un camaïeu attendrissant qui devrait apporter à votre intérieur un zeste de sérénité.

Turbo Limač

Zamanjina 1 (B3)
☎ 020 321 193
Lun.-ven. 9h-21h,
sam. 9h-15h.

Vous êtes à l'affût d'un cadeau pour vos chères têtes blondes ? Vous avez déjà fait l'acquisition du tee-shirt aux dalmatiens que l'on vend pour

50 kn au n° 3 de la Kunićeva ? Il vous reste alors à essayer Turbo Limač et son bataillon de joujoux. Tous ont un petit air de déjà vu sauf un : le grand puzzle « Dubrovnik » de 1 000 pièces à 49,99 kn. Celui-là, vous ne le trouverez qu'ici : il a été inventé par une firme polonaise très présente en Europe centrale, Trefl. Mais dépêchez-vous, il ne leur en reste que quelques exemplaires ! Pour juniors patients et grands enfants…

Ljekarna Mala Braća

Placa 2 (B3)
☎ 020 321 410
Lun.-ven. 7h-13h30, sam. 7h30-15h.

Dans la série « cadeaux utiles et bon marché », il y a aussi les préparations aux vertus thérapeutiques de la très ancienne pharmacie du monastère des Franciscains (p. 44), joliment rénovée en 1901 grâce aux dons du chevalier Ignaz Amerling. L'éventail n'est pas très large – deux crèmes hydratantes et antirides à 45 kn, quelques eaux de rose et de romarin à 35 kn, un peu de cire d'abeille et de lait à l'huile d'amande – mais il est élaboré selon des recettes ultra-secrètes qui remontent, dit-on, au Moyen Âge. P.-S. : la pharmacie se cache dans le corridor qui conduit au cloître.

Dubrovačka kuća

Od sv. Dominika 4 (B3)
☎ 020 322 092
Lun.-sam. 9h-20h.

Rien de tel qu'une visite dans cette adorable maisonnette, située au pied du monastère des Dominicains, pour emplir sa valise ! Ses armoires regorgent de produits

artisanaux et naturels authentiquement locaux. Font partie des musts les huiles pour le bain *Jadranska kupka* au fenouil, à la sauge ou au romarin… et les *Brač fini sapuni* – des savonnettes à l'huile d'olive qui rendent la peau douce et sont joliment conditionnées, en coffrets ou en paniers. Certaines sont parfumées à la menthe de Mljet, d'autres au basilic de Korčula ou à la mandarine de Brijuni… On en mangerait !

Lush

Široka 4 (A3)
☎ 020 324 797
Lun.-ven. 9h-20h, sam. 10h-15h.

Ce nom ne vous dit rien ? Ça va venir… ! Spécialiste du bain moussant, du gel douche et du cosmétique à base d'huiles essentielles, de fruits pressés ou de légumes bio, Lush a le vent en poupe : déjà six comptoirs en Croatie ! Celui de Dubrovnik a concocté son propre savon à la coupe, l'Adriatic soap, un panaché d'algues de l'Adriatique, de lavande et de limette nappé de sel marin, qui sera du plus bel effet sur le rebord de votre lavabo : 24 kn les 100 g.

MAIS AUSSI

Ces menues idées n'ont pas su rallier vos suffrages ? En voici d'autres : les éponges marines de Medusa (p. 49), les savons Saplun à base de lait de chèvre (on en trouve au Wine Shop, p. 118). Candle Kingdom à l'angle de Placa et Đorđićeva (plan A3, ☎ 020 357 112, t. l. j. 8h-20h) s'est fait une spécialité de la bougie aux volutes très tarabiscotées, à partir de 39 kn ! On peut leur préférer les jolis verres colorés du designer Niko Cuckovic. Vous en verrez un peu partout intra-muros et dans son atelier (Petra Krešimira IV 31 – B3 –, ☎ 020 312 646, www.nikocuckovicdesign.com).

Marché ou... *shopping centar* ?

En règle générale, les acheteurs compulsifs et motorisés qui veulent faire une razzia sur les sirops de cerise, les bocaux d'olives ou les bières locales en cannette optent pour le Super Konzum situé à la sortie de Gruž, entre le port et la gare routière, car il pratique des tarifs assez compétitifs. Mais que les piétons se rassurent : il existe, à proximité des plages, d'autres pistes possibles...

Marché de la vieille ville

Gundulićeva poljana (B4)
T. l. j. jusqu'à 12h.

Ne le zappez pas ! Certes, les prix y sont plus élevés qu'ailleurs mais le cadre est ravissant et un joyeux pêle-mêle de légumes et de salades vous attend sous les parasols. En prime, selon la saison : des œufs de Pâques peints, des guirlandes de figues et de la liqueur du pays. Nous avons un petit faible pour l'étal de la vendeuse d'huiles de lavande et de romarin (ses flacons viennent tout droit de l'île de Hvar et coûtent 25 kn...). Et vous ?

DOC

Ul. Kralja Tomislava 7 (B1)
Lignes 5 ou 6 arrêt Pošta Lapad.

C'est LE *shopping centar* de Lapad. Il a été construit

sur trois niveaux, à deux pas de la promenade Kralja Zvonimira (p. 59), juste derrière l'hôtel Zagreb, mais reste bizarrement peu connu des touristes. Son point fort ? La mode, avec une demi-douzaine de marques internationales – Benetton, Levi's, Triumph... – mais aussi une poignée de boutiques plus originales, comme le S. Oliver Store (p. 107), les chausseurs Karla et Alpina (p. 108-109), ou le magasin pour enfants Osh Kosh. En prime : un supermarché – le Kerum – et un distributeur automatique qui... fonctionne !

Euroshop R.K. Srđ

Obala Stjepana Radića 25 (C1-2)
Lignes 1, 3 ou 7 arrêt Petka
☎ 020 417 800
Lun.-sam. 8h-20h.

On est bien d'accord : ce n'est pas un magasin irrésistible – sa supérette au rez-de-chaussée (Pemo) n'arrive pas à la cheville, loin s'en faut, de Tommy ou de Super Konzum – mais il a le mérite de proposer des articles pour la cuisine, un grand rayon jouets en tout genre au 1er étage et divers articles de papeterie – du ruban adhésif, par exemple – que l'on a de plus en plus de mal à dénicher dans la vieille ville.

Konzum

Gundulićeva poljana 11 (B4)
☎ 020 324 581
Lun.-sam. 7h-20h, dim. 7h-13h.

Le bateau pour Lokrum lève l'ancre dans 30 minutes et vous n'avez toujours pas trouvé de quoi remplir votre panier pique-nique ? La modeste supérette de la place Gundulić devrait faire l'affaire !
Elle regorge en effet de bons basiques : assiettes en carton, gobelets en plastique, fromage de Zagreb, bouteilles d'eau à 3,59 kn le 1/2 litre…
Ils ont même quelques articles de plage : des bouées pour les enfants et des tubas de plongée. Au cas où !

Kerum

Ul. Kralja Tomislava 7 (B1)
Accès par la Marka Marulića
Lun.-sam. 7h-21h, dim. 8h-20h.

Pour celles et ceux qui aimeraient se lancer dans la cuisine au retour de la baignade, le supermarché situé au rez-de-chaussée du *shopping centar* de Lapad (DOC) n'a peut-être rien de renversant à proprement parler mais il est bien pratique et peu cher. En rayon : des filets de thon, de sardines aux herbes aromatiques *(u biljnom ulju)*, à la sauce tomate *(u umaku od rajčice)* ou au citron, des pâtés de saumon et d'anchois… À signaler aussi, les sachets d'épices Kotányi à 4,29 kn pour assaisonner vos *ćevapčici*.

Marché de Gruž

Obala Stjepana Radića (C1-2)
Lignes 1, 3 ou 7 arrêt Petka
T. l. j. jusqu'à 12h.

Même si vous n'avez pas spécialement besoin d'un sac de pommes de terre, faites un saut au marché de Gruž ! Les maraîchers de la région y déballent leurs cagettes d'oignons et leur brassées de citrons fraîchements cueillis de l'arbre dans un tumulte aussi pittoresque qu'enivrant. Prenez le temps de comparer et révisez votre croate ! Les chiffres, tout du moins : sur les étals de Gruž, les prix sont rarement affichés. Juste à côté, la halle couverte réunit une odorante sélection de poissons d'eau de mer. Mais il faut arriver très tôt si l'on veut dénicher les meilleurs morceaux.

TOMMY

Il y a trois raisons d'opter pour Tommy : c'est un vrai supermarché de l'alimentation, il accueille les clients le dimanche et il n'est qu'à 15 min en bus de la porte de Pile. Vous y trouverez un bel étal de fromages, de salamis et de jambons de la région, des fruits secs et des pistaches au kilo mais aussi du vin – la bouteille de Grgić Pošip n'est qu'à 135 kn – et toute une gamme de miels : de robinier *(bagrem)*, de sauge *(kadulja)*… Et pour la pause goûter, une pâtisserie qui tient assez bien la route : Babić.

Put Republike 34 (C2)
Lignes 1, 3, 6 ou 9 arrêt Stanica Lapad
☎ 020 358 624 ou 625
Lun.-sam. 7h-21h, dim. 7h-20h.

Vins, olives, figues et noisettes

Dubrovnik n'est peut-être pas le royaume de l'épicerie fine mais il y a du changement dans l'air. Surtout du côté de la vieille ville où deux ou trois boutiques séduisent déjà les papilles avec des confitures de figues pleines de vitamines, des huiles d'olive irréprochables et toutes sortes de produits du terroir qui devraient vous aider, une fois rentré(e), à ressusciter dans votre assiette, le temps d'un dîner, les saveurs fruitées de la Dalmatie.

Vinoteka

À l'angle de Placa et d'Od Sigurate (A3)
☎ 020 321 777
T. l. j. 9h-20h.

Un bon caviste qui fait la part belle aux vins croates et a toujours en réserve d'excellentes appellations : le Dingač-Skaramuča par exemple. Ce cru d'un beau rubis, titré à 13-15°, est à la Dalmatie ce que le châteauneuf-du-pape est à la vallée du Rhône. Il est produit par une famille de vignerons – les Skaramuča – qui élèvent 15 000 pieds sur la côte sud de Pelješac. À partir de 160 kn la bouteille.

Wine Shop

Luža (B4)
☎ 020 321 065 / 063
Lun.-sam. 9h-21h, dim. 9h-14h.

Le Wine Shop, qui a ouvert ses portes entre le cinéma Sloboda et le café Gradskavana, est déjà une référence en matière de vins croates : ils en ont plus de 250 et des bons. Les stars du moment ? Le Plavac Mali de Trstenik, produit par la famille Poljanić (222 kn), le Plavac Mali signé « Ivan Dolac 2003 », un peu plus doux car originaire d'un coteau très ensoleillé de l'île de Hvar (203 kn), et le Pošip Grgić de Korčula à 147 kn. En prime : des marmelades de figues et abricots « Stella Croatica » en provenance de l'île de Mljet.

Franja

Od Puča 9 (A3/B4)
☎ 020 324 816
T. l. j. 8h30-21h.

Chez Franja, ce sont les spiritueux qui ont la cote. De l'eau-de-vie de prune *(šljivovica)* au « maraschino » de Zadar aux cerises amères, en passant par la *travarica,* sans oublier le fameux marc de raisin aromatisé aux herbes médicinales, rien n'y manque ! Il faut compter environ 150 kn pour une grappa au thym de Šibenik. À tester aussi : les confitures de citrons en provenance de l'île de Vis (60 kn le pot de 200 g) et les biscuits traditionnels croates à base de miel, noisettes et poivre que l'on appelle *paprenjak*...

Niko

Od Puča 11 (A3/B4)
Lun.-sam. 7h30-21h30,
dim. 7h30-13h30.

Envie d'un gâteau ? Traquez les enseignes *slastičarna.* Ça veut dire « pâtisserie ». Il n'y en a pas à tous les coins de rue et leurs fantaisies crémeuses ne sont pas toujours inénarrables mais Niko se défend plutôt bien (c'est vrai aussi du Babić à l'entrée de Tommy, p. 117). Pour 5 kn, vous aurez le droit à un *ekler* (« éclair ») ou un *krokant.* Pour 7 kn, à un basique de la région, tendance orientale, aux noisettes et fruits confits, ou tendance viennoise du genre *štrudel.*

Croatia Souvenir Shop

Zračna Luka Dubrovnik
Čilipi (H6)
☎ 020 773 393
T. l. j. 6h-23h.

Dans le genre facile à glisser dans sa valise, il y a aussi les « SMS ». SMS est une PME basée à Split qui produit d'appétissantes confitures de figues sèches *(džem od suhih smokava)* dont vous nous direz des nouvelles ! On réussit parfois à en dénicher quelques échantillons en ville mais c'est ici, dans le secteur international de l'aéroport, que vous pourrez vous procurer, en euro, la collection complète : à la cannelle *(s cimetom),* à l'orange *(s narančom),* aux noisettes *(s lješnjakom)*... Se tartine au naturel ou se déguste avec un morceau de fromage.

Kraš Bonbonnière

À l'angle de Placa et Zamanjina (B3)
☎ 020 321 049
Lun.-sam. 8h-20h.

Au rayon « douceurs sucrées », il y a aussi Kraš, fondé à Zagreb en 1911 et champion de la confiserie dans le sud-est de l'Europe. À côté des chocolats dont le goût peut surprendre mais qui sont parfois joliment emballés, vous trouverez dans la « Bonbonnière » de la vieille ville un tourbillon de boîtes de dragées aux raisins, de marasques (cerises amères) au cacao... Nous, sommes tombés en arrêt devant les tablettes noir et or aux noisettes et devant les *bobići* – meringues traditionnelles au chocolat – à 39 kn.

MASLINOVO ULJE

Aujourd'hui, le secteur de l'huile d'olive – *maslinovo ulje* – et des olives de table n'occupe qu'une place marginale dans l'économie croate mais il s'appuie sur des variétés de bonne qualité et un savoir-faire ancestral : l'arboretum de Trsteno (p. 31) conserve encore un vieux moulin à huile et le musée Rupe (p. 53), un *strugać* (sac circulaire) qui servait à presser la pulpe des olives. Cueillies à la main et livrées le jour même à la fabrique, elles sont conditionnées avec soin en flacons, amphores ou bocaux. Les bouteilles les plus élégantes ? Celles de Stella Croatica, de l'île de Mljet.

Livres, cartes et CD

Ne vous attendez pas à trouver dans les librairies du Stradun ce qui a fait l'éclat de la littérature dalmate au XVIIe s. : de nos jours, à la plage, on lit moins Ivan Gundulić que Dan Brown. Mais ce n'est pas une raison pour bouder leurs rayons ! Non seulement vous y verrez de jolis albums illustrés et quelques ouvrages en français, mais aussi des CD des meilleures *klape*...

Plus Travel & Trade

Placa 19 (A3/B4)
☎ 020 323 844
T. l. j. 9h-22h.

Vous avez besoin de toute urgence d'un plan ultra-détaillé de Dubrovnik ? Essayez cette boutique de souvenirs ! C'est la première que l'on croise intra-muros quand on entre par la porte de Pile et elle a un petit choix de cartes routières, idéales pour explorer la Dalmatie méridionale. Forum édite un plan de la ville au 1 : 15 500, avec index des rues et itinéraire des bus. Et Trsat publie une *turistička karta* de la côte monténégrine au 1 : 100 000 pour ceux qui voudraient pousser jusqu'à la frontière albanaise.

Algebra

À l'angle de Placa et Široka (A3)
☎ 020 323 217
Lun.-sam. 8h30-20h.

De bons livres, vous en trouverez aussi dans cette librairie qui fait la part belle à la littérature croate contemporaine. Les surdoués qui lisent l'anglais en profiteront pour jeter un œil sur les best-sellers du moment (*Croatian nights*, par exemple, un petit recueil de nouvelles « alternatives »). Cela dit, beaucoup d'écrivains culte ont déjà été traduits en français. C'est le cas de Slavenka Drakulić, la « Simone de Beauvoir de l'Europe centrale » : elle est l'auteur du fameux *Les restes du communisme sont dans la casserole*...

Aquarius

Poljana Paska Miličevića 4 (A3)
☎ 020 323 388
Lun.-sam. 9h-20h.

Le meilleur disquaire de Dubrovnik ! Pas moins de 7 000 CD avec un net penchant pour ce que l'on appelle ici la « cro music ». Vous n'aurez donc aucune peine à y dénicher les premiers albums du crooner vedette Oliver Dragojević ou les enregistrements de chants anciens de Croatie par Lidija Bajuk, Legen et Dunja Knebl (« Ethno Ambient Live »). Vous préférez le rock ? Niki, le vendeur, connaît ses bacs sur le bout des doigts et saura vous aiguiller dans la jungle des compils. La plus… décoiffante est peut-être celle de Parni Valjak *(Koncentrat)* qui couvre les années 1984-2005.

Algoritam

Placa 8 (A3/B2)
☎ 020 322 044
Lun.-ven. 9h-20h30, sam. 9h-15h.

Incroyable mais vrai : cette librairie généraliste, qui regorge de plaquettes sur Cavtat et Korčula, de guides de voyage au Monténégro et, bien sûr, de monographies sur Dubrovnik, a encore en rayon plusieurs exemplaires du hors-série que l'*Œil* avait consacré en 1998 aux arts en Croatie… un numéro épatant que l'on vous recommande chaudement ! Également disponible : *Dubrovnik revisited,* le dernier livre de Slobodan P. Novak : il vient de sortir en français, à Zagreb, aux éditions v/b/z.

CD Shop Lira

Placa 20 (A3/B3)
☎ 020 323 819
Lun.-sam. 9h-22h.

Aquarius est fermé ? Peut-être ce magasin de souvenirs, situé entre la Nalješkovićeva et la Kunićeva, pourra-t-il vous dépanner ! Il n'a qu'un modeste « rayon musique » mais deux points forts : 1) les *šlageri,* autrement dit les tubes, de la pop et du rock yougoslaves des années 1980-1990, genre Novi Fosili – en v. f., « Les nouveaux fossiles ». 2) les traditionnels chœurs d'hommes a capella ou *klape.* Les meilleures d'entre elles ? Trogir, Ragusa, Nostalgija…

Tisak

À l'angle de Placa et Kunićeva (A3)
Lun.-sam. 6h30-22h, dim. 7h22h.

Votre quotidien favori vous manque ? Vous avez deux solutions : prendre un verre au bar d'un grand hôtel (l'Imperial et l'Argentina, par exemple, impriment chaque jour une version téléchargée du Monde) ou faire un saut dans l'un des 4 300 kiosques Tisak qui reçoivent la presse étrangère avec un jour de décalage. Celui de la vieille ville est lilliputien mais il peut mettre de côté votre canard préféré pendant toute la durée de votre séjour. Il suffit de le réserver, quelques jours avant votre départ, au ☎ 00 385 1 36 41 100 ou par e-mail : e-kiosk@tisak.hr Pas mal, non ?

DRŽAVNI ARHIV U DUBROVNIKU

On le sait peu mais les archives de Dubrovnik (p. 46) vendent quelques-uns de leurs trésors. Pas les originaux bien sûr – ceux-là restent exposés dans des vitrines au rez-de-chaussée – mais des copies ! En particulier les plus beaux spécimens de la collection de cartes géographiques peintes à la main : à l'entrée du palais Sponza (1e porte dr., t. l. j. 10h-17h, voir p. 46), vous pourrez vous offrir pour 35 kn la réplique d'un joli plan du vieux Raguse ou de la Dalmatie en 1841.

Galeries d'art

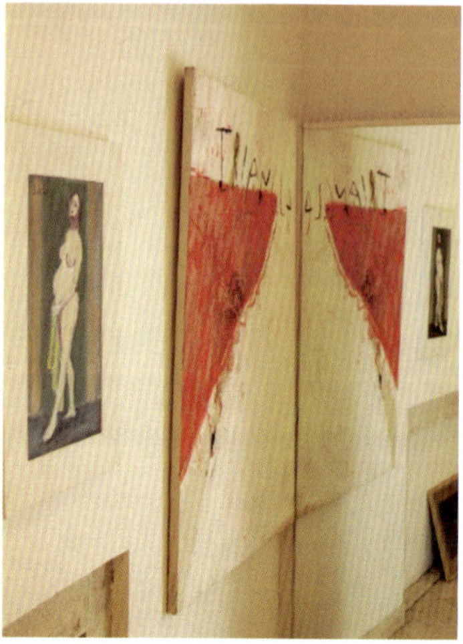

Dans une ville aussi séduisante que Dubrovnik, où le moindre pan de rempart ferait un tableau pittoresque, les artistes sont légion et les galeries fort nombreuses. Il en est de deux sortes : celles qui donnent vite le tournis avec leur lot d'aquarelles un peu faciles et de chromos saturés de soleil. Et celles, moins nombreuses mais plus stimulantes, qui privilégient les peintres des années 1950-1960 (Pulitika, Trostmann…) ou la création contemporaine. C'est le cas de la galerie Otok que dirige Slaven Tolj, commissaire du pavillon croate à la Biennale de Venise.

Cudo Hrvatske Naive

Ul. Sv. Dominika 4 (B3)
☎ 020 321 565
Lun.-sam. 9h-17h.

Vous êtes un « aficionado » de l'art naïf ? Engouffrez-vous toutes affaires cessantes sous le porche du monastère dominicain (1re porte g.) : vous y retrouverez, bien sûr, les signatures des grands classiques – Ivan Generalić, Ivan Rabuzin – mais aussi les représentants les plus significatifs de la deuxième génération, tel Mirko Horvat, qui peint sous verre des paysages enneigés, Zvonko Sigetić, qui donne des hameaux de sa terre natale une vision pleine de poésie, ou encore Nada Svegović-Budaj dont la palette se veut plus dramatique (*La Cène à Vukovar*, 6 000 kn).

Talir

Čubranovićeva 7 (A3)
☎ 020 323 293
Lun.-sam. 9h-21h.

Voici, à deux pas du couvent des Franciscains, une galerie toute simple, pas du tout intimidante, où Karmen Cetinić a accroché ses coups de cœur. La tendance, là aussi, est aux artistes de la génération post-Pulitika. Notre favori reste Josip Trostmann dont les paysages frais et colorés chantent si bien la lumière dalmate, mais rien ne vous empêche de préférer les acryliques de Lukša Peko et Josip Škerlj, deux peintres dubrovnikois nés en 1941.

À voir également : les verres du naïf Tutek et deux ou trois compositions de Mersad Berber qui tournent ici autour de 30 000 kn.

Sebastian

Ul. Sv. Dominika 4 (B3)
☎ 020 321 490
T. l. j. 9h-20h (hors saison : 9h-12h et 16h-20h).

À un saut de puce de la salle dédiée à l'art naïf, Jadranka Nikolić tient les rênes d'une galerie très intéressante qui fait preuve d'une belle ouverture d'esprit en cultivant le mélange des genres. Des paysages dalmates signés Đuro Pulitika y côtoient

des toiles très intenses de Josip Trostmann *(Branches d'oranger)*, des acryliques du jeune Viktor Daldon *(Sans titre)*... Et comme l'art naïf a également droit de cité sur ses cimaises, Vjekoslav Vojo Radoičić – un peintre de Rijeka – y expose de charmantes lithos à 1 500 kn : la plus croquignolette, *Ovo je Perotov vapor*, met en scène le port de Dubrovnik avec un petit bateau à vapeur perdu sur la crête d'une grosse vague...

Galerija Stradun

Placa 15 (A3/B3)
☎ 020 323 778
T. l. j. 10h-20h.

Même si vous n'avez pas les moyens de jouer au mécène, accordez-lui une visite ! C'est la galerie du Stradun et, parmi les artistes dont elle soutient le travail, il en est de très bons. On pense en particulier à Mersad Berber, dont les tableaux font penser à quelque fragment de fresque byzantine, et à Braco Bravačić, un architecte de Dubrovnik né en 1926, qui a consacré ces quinze dernières années à orchestrer des aplats de couleur sur des papiers de 50 × 65 cm. Certaines de ses *tempera*, comme la très graphique *Polje* (« Champ », 2005), sont pour le moins séduisantes.

Zona Gallery

Masarykov put 20 (A2)
☎ 020 430 346
T. l. j. 9h-13h et 18h-22h.

Non, vous ne vous êtes pas trompé(e) d'adresse : il y a bien, dans le hall ainsi qu'au 9e étage de l'hôtel Dubrovnik Palace (p. 89), des expositions d'art contemporain croate. La dernière en date regroupait une vingtaine de plasticiens, originaires de Dubrovnik comme Ivan Skvrce né en 1980) ou Viktor Daldon (1972) dont les travaux sont loin d'être insignifiants. À suivre.

GALERIJA OTOK

Chaque saison, cette petite galerie aménagée dans les Lazareti (p. 54), nous met devant les yeux des dessins, des vidéos et des installations qui n'ont l'air de rien, a priori, mais qui en disent long sur le questionnement des artistes croates depuis la fin des années 1970. Il se peut que le sens de certaines allusions politiques vous échappent mais *Ljudi a sahtovima* – le reportage que le photographe Boris Cvjetanović a réalisé sur les clochards qui vivaient dans les égouts de Zagreb entre 1984 et 1987 – n'a pas besoin de grande explication. À voir aussi, s'il est exposé, le travail de Mladen Stilinović (né en 1947), qui explore le réel avec une belle distance critique pour en montrer l'absurdité.

Frana Supila 8 (D3/E3) – ☎ 020 323 766
Jours d'ouverture et horaires variables.

Shopping à Korčula

Ici, pas de griffes de luxe ni de fripes pour être dans le coup mais une poignée d'échoppes qui pratiquent des prix moins effervescents qu'à Dubrovnik. Les quartiers les plus stratégiques ? Les abords de la cathédrale, ceux de l'église Sainte-Justine, du port et de la marina où vous découvrirez deux ou trois perles insoupçonnées : un verre peint par un artiste croato-suédois, un collier en papier et coquillages de Mirjana Terlević… Pas de doute : on peut se livrer aux joies du lèche-vitrines sous le soleil du vieux Korčula !

Marco Polo

Ulica Depolo 1a (p. 70)
☎ 098 9705 334
T. l. j. 9h-21h (23h en été).

Autant vous prévenir tout de suite : vous risquez de ne pas ressortir les mains vides de la géniale officine que Rudolf Petrinec vient d'ouvrir près de la maison présumée de Marco Polo ! Elle est bourrée d'idées cadeaux originales, abordables et faciles à glisser dans la valise : des pots de romarin et autres herbes aromatiques de Dalmatie (de 22 à 28 kn), des fioles d'eau-de-vie à base de tisane d'anis pour « rester jeune à jamais », des flacons *more u boci* contenant 323 gouttes d'eau de l'Adriatique, le tout labellisé Marco Polo ! Quand la légende devient réalité…

Irena

Ulica Korčulanskog statuta 1214 (p. 70)
☎ 020 711 994
En été, lun.-sam. 9h-14h et 17h-23h, dim. 17h-23h.

L'adresse d'Irena Kaštela est un peu longue mais sa boutique est très facile à trouver : c'est juste au n° 4 de la rue qui monte à la cathédrale. Et comme elle a les plus beaux coraux de la région – son grand-père, qui était déjà corailleur, allait les pêcher du côté de Lastovo –, ça vaut la peine de s'y arrêter ! À partir de 75 kn le minibracelet.

Perla

Ulica Marka Andrijića (p. 70)
☎ 098 911 79 45
En été, t. l. j. 9h-23h.

La chasse au « fait main » passe aussi par cette galerie située tout près de la cathédrale. On y verra de jolis bijoux *made in Korčula*, des tableaux d'un peintre naïf (Zlatko Huzjak) originaire du N.-O. de la Slavonie et surtout de superbes tricotages traditionnels en laine, gris et écrus, réalisés dans la vallée de la Neretva (Bosnie-Herzégovine) par l'association Konjičanke. 150 kn le petit « tapis » carré.

Lea

Rampada (p. 70)
☎ 020 715 873
Tous les jours.

Dès la belle saison, des stands de souvenirs investissent la rampe située à droite du Veliki Revelin (p. 70) et ressortent leurs bibelots sculptés en pierre locale et leurs sandalettes antioursin. Le plus intéressant de tous est celui de Šukrija Selmović qui importe de Sarajevo des tapis *(ćilim)* dont les motifs traditionnels, en losanges et en zigzags, rappellent ceux que les Ragusains importaient naguère de Pirot, une ville située au sud-est de la Serbie. Certains modèles sont assez

craquants. Et pas si chers, au fond : 30 kn les petits, 550 kn les longs.

Cukarin

Ulica Hrvatske Bratske Zajednice (p. 70)
☎ 020 711 055
Lun.-ven. 8h30-12h et 17h30-19h30, sam. 8h30-12h.

Autrefois, le *cukarin* aux essences d'orange et de citron ne se dégustait, trempé dans du vin doux, qu'aux grandes occasions. Grâce à Simljana Matijaca, vous n'aurez pas besoin d'attendre d'être invité(e) à un baptême à Korčula pour y goûter : elle en fait toute l'année, à côté d'autres patisseries locales comme le *klašun* farci de noix parfumées à l'eau-de-vie de roses. Elle a aussi plusieurs confitures en rayon : un bocal d'oranges amères *(gorka naranča)* de l'île de Lastovo, une appétissante « framboise-mûre » signée Téta Anka… Une adresse à ne pas zapper !

Korčulanska kuća

Ulica Rafa Arnerija (p. 70)
☎ 020 712 192
En été, t. l. j. 9h-21h.

En matière de dive bouteille, il y a Vinum Bonum, bien sûr, qui propose, du côté du port est (Prolaz iza punte Jurana, lun.-sam. 9h-14h et 17h-21h), une anthologie de la viticulture korculaise. Mais il y a aussi – et c'est plus facile à dénicher – ce petit comptoir où la famille Batistić-Fidulić écoule le *grk* (p. 25) qu'elle produit dans ses vignes de Lumbarda, au côté d'huiles d'olive et de figues maison. Le petit plus ? La *travarica* (schnaps) aux feuilles de sauge et la liqueur de noisette aux zestes d'orange *(komovača)*.

CÔTÉ FRINGUES,

… la palette est plus réduite. Les deux meilleures enseignes du moment sont Orhideja (vous la trouverez en haut d'un escalier de la placette donnant sur la Plokata 19. travnja 1921, voir p. 70, t. l. j. 8h-12h30 et 18h-20h30) qui a sur ses cintres du prêt-à-porter italien et des créations de la Croate Marija. Et Paralela (Frane Kršinića 84, voir p. 70, lun.-sam. 8h-13h et 17h-20h) dont les jupettes et tuniques à encolure brodée, griffées Miss Italy, Popstars ou Geeme, devraient faire quelques jalouses !

Sortir mode d'emploi

Si vous avez l'esprit suffisamment éclectique en matière de sorties, vous trouverez, tout au long de l'été, de quoi occuper vos soirées. Car le programme est plutôt varié pour une ville qui ne compte, après tout, que 43 770 habitants. Pastorale du XVIIe s. au théâtre municipal, Slobodan Begić au violon et Denis Ajduković à la contrebasse, ou rock en compagnie du band splitois « No Comment » à l'Orlando ? À vous de choisir votre nuit !

Où sortir ?

Comme tous les spots (hormis le Klub Orlando, Branitelja Dubrovnika 41, ☎ 020 312 674, www.klub-orlando.com) sont situés dans un périmètre restreint – la vieille ville –, ils sont très facilement accessibles à pied. Il en va de même des pubs et bars de nuit : ils sont concentrés aux abords du Stradun, dans les rues Zamanjina et Zlatarska, et sur la petite place qui jouxte la cathédrale (Bunićeva poljana). Quant aux boîtes les plus en vue, vous les dénicherez à proximité immédiate de la porte de Pile et de Ploče. Seul l'Exodus est « relégué » sur la presqu'île de Babin Kuk. Hors saison, bien sûr, la nuit dalmate est nettement plus assoupie. Mais vous pourrez toujours flâner intra-muros : la balade sur fond d'églises illuminées et de remparts enguirlandés d'ampoules ne manque pas de charme…

SE REPÉRER

Nous avons indiqué à la suite de chaque adresse du chapitre Sortir sa localisation sur le plan situé à la fin du guide.
Voir aussi l'encadré « Rappel » p. 39.

Programme

L'office du tourisme de Dubrovnik publie chaque mois un petit dépliant gratuit, le *Dubrovnik Events*, qui recense en croate, anglais, allemand et… français les principales manifestations classées par genre. Également disponible dans les hôtels : la brochure mensuelle *In Dubrovnik* qui indique sous la rubrique

« Događanja » les temps forts du calendrier. Enfin, sur le site www.tzdubrovnik.hr, vous pourrez accéder, en cliquant simplement sur *events*, au programme complet, en anglais, des représentations théâtrales, concerts, rencontres sportives et expos…

Billets

Il n'existe pas de centrale de réservations. Pour assister à un concert aux chandelles du Dubrovački Gudački Kvartet – le quartette ragusain d'instruments à cordes – à Saint-Sauveur, il suffit généralement de se présenter à l'entrée de l'église 1h avant le début du spectacle. Si vous croisez sur le Stradun un(e) étudiant(e) en costume plus ou moins Renaissance, il se peut – comme à Venise – qu'il/elle vende des billets pour un spectacle. Vous cherchez à obtenir une place au festival d'Été, qui se tient en juillet-août sur 33 sites différents ? Sachez qu'il faut s'y prendre longtemps à l'avance : les soirées les plus courues (la représentation de *Hamlet* au fort Lovrijenac, par ex.) sont complètes dès avril ! Réservation des billets : Dubrovačke Ljetne Igre, ☎ 020 321 509 ou 091 574 3605 ; par mail : sales@dubrovnik-festival.hr Pendant la durée du festival, les tickets restants sont en vente à la porte de Pile et sur le Stradun.

Dress code

Aucun restaurateur ne vous tiendra rigueur d'avoir oublié de glisser une cravate ou une robe du soir dans votre valise ! Seuls les grands concerts du DSO et les premières au festival d'Été sont l'occasion de s'habiller un peu plus smart. Vous avez toute latitude, aussi, quant au choix du club wear. Tee-shirt basique ou veste griffée : la règle, en ce domaine, est l'inventivité. Deux conseils néanmoins : 1) si le style se veut décontracté, ne perdez pas de vue que l'univers de la plage n'est pas celui de la ville. Autrement dit, on n'arpente pas le Stradun en maillot de bain, pas plus que le Konzum de la Gundulićeva poljana ; 2) entre la crème solaire, le cambouis des ferries et la résine qui s'égoutte des pins, on se salit vite au bord de l'Adriatique. Optez donc pour des vêtements peu fragiles, que vous pourrez user sans regret, et des chaussures tout-terrain.

Sécurité

Dubrovnik est une ville sûre où vous pourrez déambuler sans crainte. La criminalité est faible et il y a moins de vol à la tire en Dalmatie méridionale que sur la Côte d'Azur. Pour déjouer les quelques pickpockets qui pourraient opérer, l'été, sur les sites touristiques, il suffit de faire preuve de bon sens : n'arborez pas de bijoux de valeur, surveillez votre sac à main, sac à dos, appareil photo ou caméra vidéo et laissez votre passeport et billet d'avion à l'hôtel. Rappelons que la recommandation n° 1, en matière de sécurité, porte sur les zones qui n'ont pas encore été déminées (p. 39), qu'il est fortement déconseillé de s'aventurer en dehors des routes goudronnées et de pénétrer dans une bâtisse en ruine. En d'autres termes : pas de rave-party dans le Konavle !

LES TEMPS FORTS

- Février (2-5) : fêtes de la Saint-Blaise (p. 18)
- Février (23-27) : carnaval sur le Stradun
- Avril : concert de Pâques
- Fin juin : marché médiéval (p. 29) et festival d'Airs d'opéra (p. 128)
- Juillet-août : festival de Culture urbaine (AKCIA) et festival d'Été (p. 129)
- Fin août-début sept. : festival de Musique de chambre
- Fin septembre-début octobre : festival de Musique ancienne (au palais des Recteurs, au palais Sponza et au fort Revelin)
- Octobre : festival du film « DIFF » au cinéma Sloboda
- Décembre : « Or, encens et myrrhe », concerts de Noël et du Nouvel An.

Sortir à Dubrovnik

1 - *Sur la place de la Luža*
2 - *Festival Libertas*
3 - *Linđo*
4 - *Dubrovački Simfonijski Orkestar*

Classique

Dubrovački Simfonijski Orkestar

Réservations :
☎ 020 311 365 ou
☎ 020 417 110.

Fondé en 1924, l'Orchestre symphonique de Dubrovnik – le « DSO » pour les intimes – a un calendrier chargé. Vous aurez donc certainement la possibilité, durant votre séjour, d'assister à l'un de ses concerts : il joue très souvent au fort Revelin (p. 54) et au palais des Recteurs, sous la direction de Zlatan Srzić, parfois au couvent des Franciscains ou sur le Stradun (lors du nouvel an, par ex.). Ses points forts ? Beethoven, Paganini, Schubert et... un contemporain de Haydn natif de Dubrovnik, Luka Sorkočević (1734-1789), dont les symphonies devraient réjouir les mélomanes les plus pointus. Dates, lieux et heures sur www.dso.hr.

Kvartet Sorkočević

Vous n'avez pas réussi à décrocher un billet pour le DSO ? Tentez votre chance avec le quartette Sorkočević : il se produit régulièrement à l'église Saint-Sauveur (Sv. Spasa, p. 52) et les tickets – 80 kn – peuvent s'acheter 1h avant le début du concert (lequel commence, en général, à 21h). Le Dubrovački Komorni trio – le « trio de chambre de Dubrovnik » – n'est pas mal non plus. L'été dernier, il jouait tous les samedis soir à l'église Crkva Domino, juste à côté de la maison Drzić (p. 53). Au menu : Bach, Haydn...

Festival Opernih Arija

☎ 020 436 999
Réservations :
aragosa@du.htnet.hr
Prix des places : de 100 à 200 kn.

Autre temps fort du calendrier dubrovnikois même s'il ne dure que trois jours : le festival d'Airs d'opéra. Organisé chaque année, fin juin, dans l'atrium du palais des Recteurs (p. 50), il rend hommage à un célèbre chanteur lyrique originaire de Cavtat, Tino Pattiera (1890-1966), qui fut premier ténor à 'opéra de Dresde.

Théâtre

Kazalište Marina Držića

Pred Dvorom 3 (B4)
Infos : ☎ 020 321 006 ou ☎ 020 321 419
Caisse : ☎ 020 321 088.

Pas de panique : le théâtre municipal, inauguré en 1865 avec la représentation d'un opéra de Verdi, ne donne pas que des pièces en croate ! Vous pourrez peut-être y voir une comédie musicale, un opéra de Mozart ou une production de l'English Theatre de Zagreb. Mais il y a plus original... : à son répertoire figurent encore, en effet, quelques-uns de ces mélodrames dont les Ragusains, naguère, étaient très friands. Un genre complètement has been depuis la fin du baroque mais très rigolo au second degré. Programme de la saison sur www.kazaliste-dubrovnik.hr.

Folklore

Linđo

☎ 020 324 023 ou 323 535
www.lindjo.hr.

Peut-être le verrez-vous virevolter sur le parvis de l'église Saint Blaise (p. 45) : il s'y produit souvent le dimanche matin. Ou pendant le Festival d'Été. Ou encore aux Lazareti (p. 54) : de mai à octobre, il danse là tous les lundis et vendredis à 21h30. En tout cas, ne le ratez pas ! Le Linđo, fondé en 1964, est un formidable *folklorni ansambl* – « groupe folklorique » – qui exécute toutes sortes de quadrilles et de rondes croates en costumes traditionnels (il en a 1 500 dans sa garde-robe). Les figures sont complexes mais les pas toujours synchrones. Impressionnant ! Réservations possibles sur lindjo.dubrovnik@du.t-com.hr.

Cinéma

Sloboda

Luža (B4)
☎ 020 321 425.

Les cinéphiles qui ne pourraient se passer de leur dose de grand écran trouveront, entre le palais Sponza et le café Gradska kavana, une salle qui programme, à raison de trois séances par jour, des navets hollywoodiens mais aussi de très bons films à petit budget comme *Karaula* ou encore *Grbavica,* le portrait poignant d'une femme dans le Sarajevo d'après-guerre qui a valu à sa réalisatrice, Jasmila Zbanić, l'Ours d'or du festival de Berlin en 2006. Attention : les places (20 kn) sont numérotées, comme à l'opéra. Notez donc que *red* signifie « rang », *sjedalo* « siège », *lijevo* « gauche » et *desno* « droit ». Et que si le fauteuil que l'on vous a attribué ne vous convient pas, vous avez toujours la possibilité d'en changer en début de projection.

Bars de nuit

Razonoda

Od Puča 3 (B4)
☎ 020 326 200
T. l. j. 17h-minuit.

Pour commencer la soirée en douceur, il y a le bar à vins, affable et plutôt « classe », du palais Pucić (p. 88). On y sert, en nœud pap', à de jolis guéridons marquetés, des cigares, des cognacs et surtout une vingtaine de crus de la région, triés sur le volet, dont le fameux Plavac Mali de Grgić à 550 kn. Le squat idéal, autrement dit, pour s'initier à la viticulture dalmate et décider des possibles *afters*.

LE FESTIVAL D'ÉTÉ

À inscrire sans faute sur votre agenda : les dates du prochain festival d'Été (Dubrovačke ljetne igre), le plus prestigieux de tous les rendez-vous artistiques de la saison. Créé en 1952, il offre chaque année, du 10 juillet au 25 août, un programme du meilleur cru dans une trentaine de sites à travers la ville : *Hamlet* se joue, comme il se doit, au fort Lovrijenac, Goldoni dans le vieux port... En 2006, on a donné en première mondiale la *Symphonie inachevée* de Tchaïkovsky sur la place de l'église des Jésuites. Et comme le directeur du festival, Ivica Prlender, ne ménage pas ses efforts pour inviter la mezzo-soprano Marjana Lipovšek, le corps de ballet de Zagreb ou le Camerata de Berne, c'est toujours un régal !

Infos et réservations :
Od Sigurate 1 (A3) – ☎ 020 326 100
info@dubrovnik-festival.fr.

Hemingway Bar

Pred Dvorom (B4)
T. l. j. 10h-1h.
À quoi tient le succès de l'Hemingway ? À sa terrasse ! Ce n'est pas que l'intérieur, avec son plafond rose pâle et ses murs vanille, soit inintéressant mais les canapés d'osier noir, stratégiquement disposés face au palais des Recteurs, avec les gros coussins impression fauve, ça c'est du convivial ou je ne m'y connais pas ! Service souriant, carte variée, prix à la hauteur du quartier (le cocktail *high society* à base de gin et de liqueur de pêche est facturé 52 kn).

Troubadour

Bunićeva poljana 2 (B4)
☎ 020 323 476
En été, tous les soirs.

Si vous aimez le jazz, ce « café » est pour vous. Au programme : quelques digestifs, deux ou trois eaux-de-vie maison et chaque soir de la musique, live bien sûr. Parfois, c'est tout un orchestre qui se produit en terrasse. Parfois, c'est juste Marko – le proprio – qui sort sa contrebasse. Précisons, pour celles et ceux qui seraient né(e)s après 1968, que Marko décrocha, avec son groupe, la 7e place au 13e concours de l'Eurovision et qu'il est encore très alerte !

Arsenal

Pred Dvorom 1 (B4)
☎ 020 321 065
T. l. j. 10h-2h.

Prenez un ancien arsenal, peignez-le en rouge, ajoutez-y des aquariums, de grandes tablées de bois massif, des cordages, des coques de navire… et vous obtiendrez l'une des meilleures adresses du moment, que ce soit pour prendre un verre ou pour dîner, car l'Arsenal fait aussi *taverna* – un restau où, la bière aidant, le volume sonore frise parfois celui de l'Oktoberfest à Munich. Réservation conseillée, surtout les ven., sam. et dim. soir. Accès par le Gradska Kavana ou la galerie qui mène au cinéma Sloboda.

Eastwest Beach Club

Frana Supila (D3/E3)
☎ 020 412 220
En été, t. l. j. 17h-3h.

Si l'envie vous prend de boire un *mai tai* dans un transat à côté de *beautiful people* qui ont fait du jet-ski tout l'après-midi, optez pour le bar de la plage de Ploče (p. 94). Ce n'est pas intime à proprement parler : à l'heure où la lune se reflète dans les eaux du détroit de Lokrum, on se presse à l'Eastwest comme à un défilé de mode. Cela dit, avec un peu de chance, vous pourrez retrouver à la fin de la saison sur www.ew-dubrovnik.com votre bobine négligemment ébouriffée d'un habile coup de gel à côté d'une top-modèle suédoise ou d'un joueur du Manchester United…

Casablanca

Zamanjina 11 (B3)
☎ 020 322 015
T. l. j. 20h-2h.

Si vous préférez des rythmes plus exotiques, essayez le bon vieux Casablanca ! Il distille de la musique orientale remixée dans un décor éclectique qui n'a pas dû changer d'un iota depuis vingt ans : des tabourets carrés, des affiches de film, un stroboscope… Il n'y a plus de place ? N'hésitez pas à siroter votre cocktail Humphrey Bogart sur

1 - Ludwig
2 - Hemingway Bar
3 - Razonoda
4 - Karaka

l'un des coussins qui jonchent la rue : c'est fait pour !

Karaka

Između Polača 5 (A3/B3)
☎ 020 323 992
T. l. j. 10h-minuit.

De tous les pubs « irlandais » qui ont éclos ces dernières années à Dubrovnik, le Karaka est non seulement le plus ancien mais aussi le plus *busy*. Il faut dire que le demi-litre de Kilkenny pression n'excède pas les 30 kn et qu'entre 15h et 18h, on peut étancher sa soif à prix réduits. Clientèle 50 % croate, 50 % anglo-saxonne et 100 % bièrophile. *Cheers !*

« Bourbon Street »

Il fut un temps où la Bourbon Street – de son vrai nom, la rue Bana Josipa Jelačića (plan C2) – était l'un des pôles les plus noceurs de la ville. Aujourd'hui, les noctambules ont investi d'autres quartiers mais on y trouve encore une demi-douzaine de bars (XL, Roxy Club,

Casanova…). Les plus aimables sont le Deep Blue au n° 41, avec ses photos de dauphins sur les murs, et le rouge Ferrari au n° 17, qui reste ouvert jusqu'à 4h du mat'. Après…, ça titube grave !

Ludwig

Zamanjina 5 (B3)
T. l. j. 20h-2h.

Ici aussi, il y a des affiches – des pages de pub collées sur les murs – mais elles cultivent plutôt le trash et la provoc. Il est vrai que le Ludwig joue dans un autre registre, celui du « rock-croate-qui-déménage » avec une bande-son résolument… abrasive. À la grande joie d'une clientèle d'habitués qui portent le cheveu ras et le tatouage au mollet. P.-S. : là encore, vous pouvez coloniser les marches !

Nightclubbing

Labirint

Sv. Dominika 2 (B3)
☎ 020 322 222
T. l. j. 23h-4h.

Le Labirint, qui s'est installé à l'intérieur de la tour Saint-Luc (p. 43), n'est pas seulement un restaurant. C'est aussi un *noćni klub* – une boîte de nuit – qui attire une clientèle de quadra-

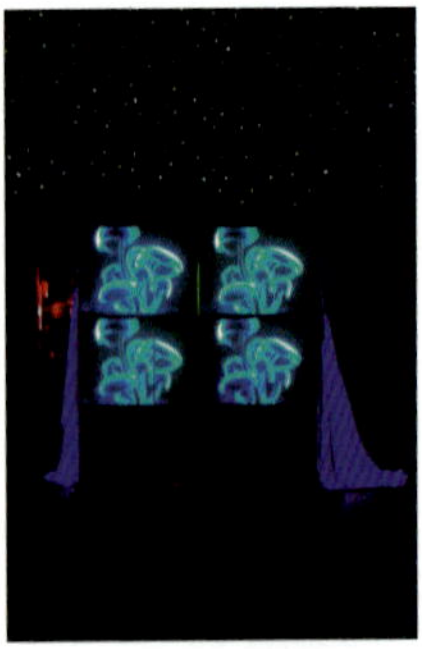

génaires bon pied bon œil et plutôt aisés par une programmation tous azimuts : karaoké, danse du ventre, soirées hip-hop et fiesta « latino »… On a raté leur dernière fête du nouvel an mais il paraît qu'elle était assez mémorable. Événements sur www.labirint-dubrovnik.com

Latino Club Fuego

Brsalje 11 (D3)
☎ 020 312 871
Jeu.-sam. 22h-4h.

Pas sûr que la bande-son du Fuego vous fasse grimper au plafond, même si l'été, des animateurs italiens viennent épicer l'ordinaire avec des soirées à thème intitulées « sexy night ». Cela étant, ce club décoré façon paillote avec miroirs et murs noirs étoilés est très populaire à Dubrovnik. Il est aussi plus jeune et moins cher que le Labirint (30 kn l'entrée, 1 conso comprise). Si vous voulez vous dégourdir les gambettes, ça vaut donc peut-être la peine de faire la queue. Mais attention : c'est seulement après minuit que la piste s'anime. Les filles s'y trémoussent en talons hauts et lunettes de soleil pendant que les garçons restent scotchés au bar, à siroter des aquapulco à la tequila ou des « XXL » (cocktails pour 6).

Karantena

Lazareti (D3/E3)
Frana Supila
23h-5h (ouv. selon programmation).

Envie de sortir des sentiers battus ? Rendez-vous tout au bout des Lazareti, ces bâtiments où l'on isolait autrefois les voyageurs présumés contagieux. Le billet est un peu cher – 100 kn – mais les DJs qui s'y succèdent ont un talent certain. Et les jeux de lumière sont plutôt sophistiqués. La tendance ? Disons… « électro », avec des labels genre Silicone Soul et des mixes de la scène zagreboise. Le dress code ? C'est comme vous le sentez mais une touche d'orange ne nuit pas. Les décibels ? Ils sont aussi fracassants que dans une *rave* mais rien ne vous empêche d'apporter vos boules Quiès. Ah oui, dernier détail : les bidons qui traînent sur la piste sont là pour que l'on puisse poser sa cannette de Corona à 15 kn…

Revelin Club

Sv. Dominika (B3)
☎ 020 322 164
Dim.-mer. 9h-1h,
jeu.-sam. 9h-5h.

Ici, pas de prisme violet ni d'hypnotique spirale : le Revelin Club, installé comme son nom l'indique dans le fort de Revelin (p. 54), est nettement plus sage que le Karantena. On y chaloupe, à deux pas de la mer, sur du hip-hop, de la house et de la dance. Seul le nom de certains cocktails est un chouïa… atomisé : le breuvage à base de crème de banane, grenadine et liqueur de la Nouvelle-Orléans s'appelle ici « bazooka » (41 kn). À bon entendeur salut !

Exodus

Iva Dulcića 39 (A1/B1)
Lignes 6 ou 7 arrêt Dubrava
☎ 020 448 355
En été, t. l. j. 23h-4h.

Enfin, pour celles et ceux qui voudraient rester « clubber » sur la presqu'île de Babin Kuk, il y a l'Exodus, aménagé près des hôtels Tirena et Argosy (p. 91). Les spécialités de la maison ? La house et la techno sauce Ibiza. Efficace !

1 - Labirint
2 - Latino Club Fuego
3 - Karantena
4 - Karantena

ET DANS LES ÎLES ?

À la périphérie de Dubrovnik, l'éventail des distractions nocturnes se résume le plus souvent aux pianos-bars et aux discothèques des grands hôtels. À Cavtat par exemple, les couche-tard pourront traîner au Poseidon, le night-club de l'hôtel Croatia (p. 98) : il est ouvert jusqu'à 3h du matin. Voici d'autres pistes à l'intention des noctambules qui auraient échoué dans une île de la Dalmatie méridionale…

Dans les Élaphites (p. 64)

À Lopud, le jeu consiste surtout à s'affaler aux terrasses des cafés de l'Obala Iva Kuljevana (p. 64). Avec un peu de chance, vous y entendrez des *klape* (ensembles polyphoniques dalmates). À Šipanska Luka il existe, juste en face du restaurant Trabakula (p. 101), un sympathique *koktel bar* que l'on dirait improvisé mais dont vous ne vous lasserez pas si vous aimez la mer et les palmiers : le Riva.

Mljet (p. 68)

Il faut bien l'admettre : il n'y a aucun *noćni bar* dans l'île de Mljet (à part celui de l'hôtel Odisej, p. 100) mais parmi la dizaine de yachts et de bateaux de croisière qui font escale les soirs d'été, le samedi notamment, dans les ports de Polače ou de Pomena, il y en a toujours un ou deux – les voiliers de Katarina Cruises, par exemple, ou du tour-opérateur allemand ID Rivatours – qui organisent des fêtes à bord, parfois même avec DJ ! Bien sûr, ce sont des parties privées mais rien ne vous empêche de vous déhancher sur le quai !

À Korčula (p. 70)

Généralement, les soirées commencent au Massimo (p. 72), devant un cocktail Korkyra par exemple, à base de vecchia romagna et de triple sec, ou au pétillant Dos Locos (Šetalište Frana Kršinića, à l'est de la gare routière), et finissent sur le bastion de la vieille ville, au Gaudi (ul. Dobrotvornosti 1) en compagnie d'un Zombie à 40 kn (c'est un mélange de rhum blanc, de liqueur d'abricot, d'ananas et de grenadine). P.-S. : le Gaudi est ouvert le vendredi et le samedi jusqu'à… 4h !

- Split - 309 4h / 227 km
- Lehrum - 40 kuna - 15 min
- Mostar - 2h ? 344
- Mljet - De Dubro, 2h - 434
- Korcula - 10 min depuis Orebic
- Remparts Dubrovnik

Resto
Dubrovnick
pizza

Korcula
prendre le bac
avec la Voiture
Restorant
->

Cavtat
la Tavernat
galija

L'île de Lupud

→ prendre le bateau au grand port de dubrovnik

→ aller à la crique de Sunset beach environ 2 km à pied du port de l'île

- **Les voyelles**
e = è comme dans « lettre »
u = ou comme dans « chou »
- **Les consonnes**
c = ts comme dans « tsé-tsé »
č = tsch comme dans « tchèque »
ć = ty comme dans « tiède »
dž = dj comme dans « djinn »
đ = dy comme dans « dieu »
g = g comme dans « gaz »
h = toujours aspiré
j = y comme dans « balayer »
lj = ly comme dans « lieu »
nj = ny comme dans « cognac »
r entre deux consonnes = eur
s = s comme dans « saVoir »
š = ch comme dans « cheval »
ž = j comme dans « journaliste »

Formules et mots usuels

À droite : desno
À gauche : lijevo
Aujourd'hui : danas, danaske*
Au revoir : doviđenja, adio
Bon appétit : dobar tek
Bonjour : dobar dan
Bonjour (matin) : dobro jutro
Bonsoir : dobra večer
Demain : sutra
Excusez-moi : oprostite
Fermé : zatvoreno
Hier : jučer, učar*
Je ne comprends pas : ne razumijem
Je suis Français : ja sam Francuz
Je suis Française : ja sam Francuskinja
Madame ! : gospođo !
Mademoiselle ! : gospođico !
Maintenant : sada
Merci (beaucoup) : hvala (lijepa)
Monsieur ! : gospodine !
Non : ne
Oui : da
Où se trouve… ? : gdje se nalazi… ?
Ouvert : otvoreno
Parlez-vous français : govorite li francuski ?
Pouvez-vous m'aider ? : možete li mi pomoći ?
S'il vous plaît : molim vas
Tout droit : ravno

Les nombres

0 : nula
1 : jedan
2 : dva
3 : tri
4 : četiri
5 : pet
6 : šest
7 : sedam
8 : osam
9 : devet
10 : deset
11 : jedanaest
12 : dvanaest
20 : dvadeset
30 : trideset
100 : sto
200 : dvjesto
300 : tristo
1 000 : tisuća

Les jours

Lundi : ponedjeljak
Mardi : utorak
Mercredi : srijeda
Jeudi : četvrtak
Vendredi : petak
Samedi : subota
Dimanche : nedjelja

À table

L'addition : račun !
Assiette : tanjur, pijat*
Avec du lait : s mlijekom
Avec glaçon : s ledom
Beurre : maslac
Bière : pivo
Bœuf : govedina
Bouteille : boca, botija*
Café : kava
Café crème : kava sa šlagom
Cerises : trešnje
Citron : limun
Concombre : krastavac, kukumar*
Confiture : džem
Couteau : nož
Cuillère : žlica, ožica*
Eau (minérale) : (mineralna) voda
Figues : smokve
Fourchette : vilica, pantarul*
Fromage : sir
Fruits : voće
Garçon ! : konobare !
Gâteau : kolač, pastu*
Glace : sladoled, đelat*
Huile : ulje
Jambon : šunka
Jambon fumé : pršut
Lait : mlijeko
Légumes : povrće
Melon : dinja, pipun*
Menu : jelovnik
Miel : med
Œuf : jaje
Olives : masline
Orange : naranča
Pain : kruh
Pâtes : tjestenine
Pêche : breskva, praskva*
Poisson : riba
Poivre : papar
Pomme : jabuka
Pommes de terre : krumpir
Porc : svinjetina
Poulet : piletina
Riz : riza
Sans glaçon : bez leda
Sel : sol
Soupe : juha
Sucre : šećer, cukar*
Thé : čaj
Thé à la menthe : čaj od paprene metvice
Tomate : rajčica, pamidor*
Verre d'eau : čaša vode
Vin (blanc/rouge) : (bijelo/crno) vino
Vinaigre : ocat

Faire du shopping

Avez-vous… ? : imate li… ?
Où puis-je acheter… ? gdje mogu kupiti… ?
Je voudrais : htio (htjela) bih
Combien est-ce ? : koliko to košta ?
C'est trop cher : to je preskupo
Blanc : bijelo
Bleu : plavo
Chapeau de paille : slamnati šesir
Chaussure : obuća, cipele
Chemise : košulja
Costume : odijelo
Coton : pamuk, bumbak*
Crème solaire : krema za sunčanje
Cuir : koža
Jaune : žuto
Jupe : suknja, kotula*
Laine : vuna
Lunettes de soleil : sunčane naočale
Maillot de bain : kupaći kostim
Noir : crno
Pantalon : hlače
Parapluie : kisobran
Prix : cijena
Pull : džemper
Robe : haljina
Rouge : crveno
Soie : svila
Talon : peta
TVA : PDV
Velours : barčun
Vert : zeleno
Veste : sako, jaketun*

En ville

Aéroport : zračna luka
Arrêt de bus : autobusna postaja
Bateau : brod
Police : policija
Billet : karta
Bureau de change : mjenjačnica
Distributeur : bankomat
Ferry : trajekt
Fourrière : pauk služba
Garage : radionica
Gare routière : autobusni kolodvor
Hôpital (général) : (opća) bolnica
Laverie : praonica rublja
Marché : tržnica, pijaca*
Médecin : lijecnik, likar*
Office du tourisme : turistički ured
Pharmacie : ljekarna
Place : trg
Plage : plaža
Pompiers : vatrogasci
Port : luka, porat*
Remparts : gradske zidine, mira*
Rue : ulica
Station-service : benzinska stanica

Les panneaux

Autoput : autoroute
Granica : frontière
Carina : douane
Dolazak : arrivée
Izlaz : sortie
Jednosmjerna ulica : sens unique
Jezero : lac
Kupanje zabranjeno : baignade interdite
Obilazak : déviation
Odlazak : départ
Opasan zavoj : virage dangereux
Parkiralište : parking
Parkiranje zabranjeno : stationnement interdit
Polazak : départ
Sretan put : bon voyage !
Ulaz : entrée

* Variantes dialectales utilisées en Dalmatie méridionale.

Ce guide a été établi par **Jean-Philippe Follet** qui adresse ses remerciements à : Andreas Jersabeck, Nada Grujić (Vrijeme Ladanja), Romana Menalo, Antje van Berkel et les bibliothécaires de la Narodna Knjižnica Dubrovnik.
Ont également collaboré à cette édition : Jean-Pierre Marenghi et Manon Peyrat.

Conception graphique de la couverture : Thibault Reumaux.
Mise en pages intérieur : David Cosson.
Cartographie : Frédéric Clémençon et Aurélie Huot.

Écrivez nous :

Aussi soigneusement qu'il ait été établi, ce guide n'est pas à l'abri des changements de dernière heure, des erreurs ou omissions. Ne manquez pas de nous faire part de vos remarques. Informez-nous aussi de vos découvertes personnelles, nous accordons la plus grande importance au courrier de nos lecteurs :

Guides *Un grand week-end*, Hachette Tourisme, 43 quai de Grenelle – 75905 Paris Cedex 15
E-mail : weekend@hachette-livre.fr

Contact partenariats et publicité : amagniez@hachette-livre.fr ☎ 01 43 92 32 53.

Crédit Photographique

Intérieur :
Toutes les photographies de cet ouvrage ont été réalisées par **Jérôme Plon.**

Couverture :
Jérôme Plon, à l'exception des personnages (plat 1 b. g.) : **Digital Vision / Getty Images © Nick White.**

Rabat de couverture :
Digital Vision / Getty Images © Nick White.

Illustrations

Virginia Pulm

Imprimé en France par IME - 25110 Baume-les-Dames
Dépôt Légal : – 82831 – Mars 2007 – Collection N°44 – Édition : 01
ISBN : 978-2-01-240293-5 – 24/0293/1